U0137319

[新西兰] 珍妮特·弗雷姆——著　　吴文权——译

后浪

我桌旁的天使：
珍妮特·弗雷姆自传三部曲

1

到
实岛去

To the Is-Land

Janet Frame

贵州出版集团
贵州人民出版社

本书中文简体版权归属于银杏树下（北京）图书有限责任公司。
著作权合同登记号 图字：22-2023-096号

图书在版编目（CIP）数据

我桌旁的天使：珍妮特·弗雷姆自传三部曲 /
(新西兰) 珍妮特·弗雷姆著；吴文权译. —— 贵阳：贵
州人民出版社, 2023.11
书名原文: An Angel at My Table
ISBN 978-7-221-17866-4

Ⅰ.①我… Ⅱ.①珍… ②吴… Ⅲ.①珍妮特·弗雷
姆—自传 Ⅳ.①K836.125.6

中国国家版本馆CIP数据核字(2023)第166778号

WO ZHUOPANG DE TIANSHI: ZHENNITE FULEIMU ZIZHUAN SANBUQU
我桌旁的天使：珍妮特·弗雷姆自传三部曲
［新西兰］珍妮特·弗雷姆　著
吴文权　译

出 版 人	朱文迅	选题策划	后浪出版公司
出版统筹	吴兴元	编辑统筹	朱 岳 梅天明
策划编辑	刘向辉	责任编辑	赵帅红
特约编辑	赵 波 张兴文	装帧设计	墨白空间·黄怡祯
责任印制	常会杰		

出版发行　贵州出版集团　贵州人民出版社
地　　址　贵阳市观山湖区会展东路SOHO办公区A座
印　　刷　河北中科印刷科技发展有限公司
经　　销　全国新华书店
版　　次　2023年11月第1版
印　　次　2023年11月第1次印刷
开　　本　880毫米×1194毫米　1/32
印　　张　21.5
字　　数　430千字
书　　号　ISBN 978-7-221-17866-4
定　　价　138.00元

官方微博：后浪图书
读者服务：reader@hinabook.com188-1142-1266
投稿服务：onebook@hinabook.com133-6631-2326
直销服务：buy@hinabook.com133-6657-3072

贵州人民出版社微信

序　言

珍妮特·弗雷姆的首部长篇小说《猫头鹰在哀叫》在新西兰甫一出版便引起轰动。赞誉者称之为该国期待已久的第一部伟大小说，一部"杰作"，批评者厌恶其现代主义风格、"过于压抑"的笔触以及以斜体标示的内心独白。然而，对于当年只有十四岁的我而言，小说中与我同龄的达芙妮，那位死屋中的达芙妮，其晦暗却流畅的心曲紧扣住我的心弦：

> 刚破晓鸟啼之声便起，云中鹡鸰啁啾，一如诗中那个孩子，放下你的笛子，你欢快的笛子。那地方生长着蝶豆花，豌豆绿色的茂盛草地，成群的昆虫令人眼花缭乱地冲向高空。

不仅达芙妮，还有我以及几乎所有敏感的少女，内心世界都充满了丰富的想象，美轮美奂，而弗雷姆的妙笔确证了这个世界的存在。她为我们发出了诗意的、有力的、命定的声音，这是心灵唱响的美丽而神秘的衷曲。

十四岁读这本书时，正值自感生活犹如折磨。还记得我坐在床上，背靠白色塑料床头板，薄而白的雪纺床罩在眼前延展，与绣着玫瑰花的窗帘相得益彰。我想象床罩与窗帘如林中薄雾般悬浮在绿色地毯上方，然而，我的房间丝毫不具备这梦幻中的浪漫；相反，因为那台丢人现眼的格栅取暖器，床罩与窗帘成为火灾隐患，证明我追求浪漫之感，却以失败告终。不过，我没能创造的氛围，珍妮特却精彩地做到了，怎不令我深爱？

《猫头鹰在哀叫》具有实验性，部分依据珍妮特本人生活中的事件，包括八年断断续续的精神病院经历。这引起了对她真实生活的流言蜚语与黑暗猜想。有人认为她依然待在医院，也许做了脑白质切断术，一个注定毁于精神疾患的天才，真是一出悲剧。有人说她远赴海外，隐姓埋名。

大多数周末，我们家都驱车赶往位于普利默顿的海边度假屋，途经波里鲁阿医院，那座人人唯恐避之不及的疯人院。

"珍妮特·弗雷姆住过波里鲁阿吗？"我常常会问，偷眼瞟向貌似监狱的低平建筑群，四周给奇形怪状的大果柏环绕着。

"没有，没住过波里鲁阿。"

"那住过哪儿呢？"

"向阳医院。"

"向阳医院？居然管精神病院叫向阳医院？她还在那儿吗？"

我张望着，内心浮想联翩。

审视她的生活，我感到钦佩、同情，同时也感到恐惧。在新西兰这个社会里，反常就意味着耻辱；患有"精神病"，就意味着深陷耻辱，永无翻身之日。

可悲的是，十五年后，对波里鲁阿医院 K2 病房，我竟然甚为谙熟；妈妈晚年罹患抑郁症，发病时，恐惧与凄凉排山倒海而来，因此反复入院，以期多少得到一些缓解。我从而得以光顾珍妮特·弗雷姆的领地，跨过麦克斯扔在走廊里的假腿，在休息室里，看见个拖着腿走路的老男人不怀好意地走向妈妈，双手抓住她椅子的扶手问道："伊迪斯，睡你屋里要给多少钱?"我快步上前将他推开。

妈妈呆滞地说："迈克尔，我不跟你说过吗，我不想谈钱。"

1963年，珍妮特·弗雷姆返回新西兰，决定写出真相，部分因为，关于其生活依然存传闻与臆测。为此，她着手创作自传三部曲；三部书此次合为一册，以《我桌旁的天使》为名。我认为，在我读过的书中，它属于最有韵味、感人至深的那类，新西兰人写作的书籍中无出其右者。

写作中至为困难的任务，是寻找到一种浑然天成的声音，她做到了，这部书虽然是写出来的，却好似自然流淌而出。她没有支吾其词；珍妮特·弗雷姆在书中出生，我们与她一同成长。珍妮特远不止是澄清其遭到误诊的个人经历，她讲述的是自己全部的生活，这生活未曾料到中了魔法，同时也满含悲戚。除了她进进出出精神病院的那些岁月外，我对她姐姐妹妹在两次无关联的事故中溺水身亡一无所知，也未曾想到，是弗兰克·萨吉森拯救了她，为她提供栖身之地，教她作家该如何生存。第三卷中还有迟到的喜悦，那就是她的两段情史，一次发生在伊维萨岛，一次是跟一个穿双色鞋的西班牙男人。

也许，珍妮特独一无二的天赋，是揭示自我脆弱性时的坦诚态度与触及的深度，是无论书写伤痛、屈辱还是成功，都能泰然处之、波澜不惊的能力。在我看来，该书得以成为杰作，这便是原因所在。她完全俘获了我。没有人要求我赞美珍妮特，然而，慢慢与她相熟，了解到不为人知的细节后，我内心充满对她温柔的爱意。

记得是 1982 年，妈妈寄来珍妮特自传的第一部，当时我住在悉尼，就读于澳大利亚影视广播学校，主攻电影制作。该书刚刚问世，在澳大利亚还买不到。离首次翻开《猫头鹰在哀叫》已经过去十四年了，我再次坐到床上，再次阅读珍妮特·弗雷姆，这次是《我桌旁的天使》的第一卷。不过，我早已放弃营造卧室浪漫氛围的任何努力。我的床垫放在一张木板上，支撑木板的是四个牛奶箱，没有床头板，也没有床罩。

这些细节之所以记得真切，是因为珍妮特的书深深触动了我，直击我内心，读着读着，止不住泪流满面。然而，感动我的不仅仅是珍妮特的生活，我也在重温自己的童年：在断层线形成的沟谷里探险，将蔬菜箱蒙上布当作篷车没完没了地玩"拓荒者"游戏，在街角的"凯瑟琳·曼斯菲尔德纪念公园"内玩圆场棒球，在玛丽女王学院舞会上被杰弗里·贝尔德撇下时羞愤难当（他说是对三周前我撇下他的报复）。

在悉尼的那个周末，我躺在床上，突然间萌发出一个念头：要将这独一无二的体验与尽可能多的人分享。我不觉得自己能为这部书增光添彩，只是想也许能拍摄一部电视连续剧，让更多人了解她的作品。那年下半年，我开始寻找珍妮特·弗雷姆。

1982年12月24日我第一次见到她。我返回新西兰过圣诞节，开着妈妈的车前往勒文，请求珍妮特将自传的影视改编权交给我。我当时二十八岁；我的教母玛加·戈登认识珍妮特，帮我弄到了她的地址，安排我们见面。

勒文是个整洁的乡间城镇，普普通通，没有高大建筑，砖结构或木结构的平房大小与风格均一致。珍妮特的房子很好辨认，与其他屋舍不同的是，前院里金色的草未曾修剪，屋前还另砌了一堵砖墙，希望能够隔绝噪音。那里看上去荒寂空荡，以至于珍妮特开门时我吃了一惊。两人都很紧张局促。我给她带了些新鲜鸡蛋，可在街角猛踩刹车时都给撞破了。我忙解释说出了个小事故，可话还没说完，她便紧张地问：

"事故？哦，亲爱的，你没事儿吧？"

"哦哦，我没事儿，可鸡蛋都破了。"

我深深陷入了纠结之中。

"鸡蛋？"

（鸡蛋没了，都破了。）

末了，我们将汽车、鸡蛋和事故撂到了一边，我跟她说很喜欢《到实岛去》。

珍妮特不同于我见过的任何人：浑身上下似乎散发着自由的气息，洋溢着非同一般的生命活力。她幽默诙谐，精神极为健全，言谈举止绝不落俗，对衣着外貌毫不在意。

我记得屋内有些凌乱，厨房里盘子随意堆放着，卫生间没有门，只有门帘。她养了只迷人的白色波斯猫，我们抚摸它，对它赞不绝口。然后她带我参观了各个房间，告诉我她如何工作。每间房，甚至是每间房的某个区域都留给一本正在创作的作品。被分为不同区域的房间里她挂上布帘，很像医院病房，医生可以穿梭其间，病人也能有自己的隐私。这个办法也许来自她二十多岁时进出医院的痛苦岁月。在她刚刚还在工作的那张桌子上放着一对耳塞。

"我受不了任何噪音，"她解释道，"双层砖墙也没什么用，没办法，看来得搬家了。"

坐下来时我看了看表，来之前教母叮嘱我，不要待久了，最好别超过一小时。

珍妮特很明智，和善地建议道，自传后两卷将于1983、1984年问世，看看我是否像喜欢第一卷那样喜欢。在此期间她不会将版权卖给别人。她说喜欢敢闯的人；虽然我只是个学生，听了这话，心里也充满了希望。珍妮特对电影极有品位，比我成熟得多。她谈起《去年在马里昂巴德》，说最喜欢氛围强烈的影片。

日光变得强烈起来，预示着暴风雨即将来临，不知从哪儿传来来复枪的枪声。

"节日气氛倒是来得早啊。"珍妮特说。

我们都笑了，竖起耳朵，盼着听到更多的枪声。

"圣诞节你有什么特别的事儿要做吗？"我问道。

"有啊，我要跟一些多年老友一起过。"她答道。我们走向前门时她接着说："我要跟勃朗特姐妹，也就是艾米莉和夏洛特一起过节。"

两年后我再次登门拜访，同去的还有我的朋友兼制片人布里吉特·艾金。我们坐在她所谓的餐厅里喝茶，可这餐厅连张桌子都没有，只有一张单人床，铺了粉色的烛芯纱床单。她坐在床一侧的椅子上，与我们隔床相对，大家的茶杯都放在膝头。我们谈得很兴奋，所以直到后来我才意识到，仿佛我们仨是在医院探望病人，病人并不在场，而我们太过礼貌或感到太过荒谬，并没有点破这点。

　　最后一次见珍妮特是在电影拍摄期间。两位制片人约翰·梅纳德和布里吉特·艾金邀请她来奥克兰参观摄影场。她同我教母玛加从勒文赶来；影片中我给了教母一个小角色。

　　珍妮特在摄影棚靠墙的地方找了张椅子坐下。她看着我们工作，看着我，我也看着她，心里充满感激，不但因为她处事得体，而且因为她放手让我去做到最好。她不想掌控什么，几乎从不评论，从不要求改动，那会儿没有，在劳拉·琼斯漫长的剧本改编过程中也没有。那一周当中，她坐得越来越近，周五是她在片场的最后一天，她坐到了布景中位于奥马鲁的弗雷姆家的沙发上。她手中摄制日程表的粉红色纸页上写满我们这个行当的新鲜词："拍摄完成""通告""道具师""换片盒"。她缓缓地念出这些词，仿佛品味着新奇而有趣的东西。

　　对我们所有人来说，珍妮特莅临片场的那周是珍贵的。约翰拍摄了四位珍妮特的合影留作纪念：儿时珍妮特、少女珍妮特、成年珍妮特（凯瑞·福克斯饰）与珍妮特本人。

人们为何对电影《我桌旁的天使》偏爱有加，这令我常感困惑。在威尼斯电影节上，这部电影引起的反响此前此后我都未经历过。电影放映时，我心里很没底，不知道这部超长的影片命运如何。我边上坐着位高挑优雅的意大利女人，皮肤晒成棕褐色，像煎透了的培根。她脚蹬一双高跟凉鞋，身穿一袭紧身晚礼服长裙。瞧她这副派头，大约跟那个皮肤苍白、一头卷曲红发的新西兰人扯不上任何关系。我身体僵硬，吓得不敢看她，就怕看到她张嘴打哈欠。影片即将结束时，她一把攥住我的手臂，低声说："可怜啊，可怜。"我侧头去看她，心想"我的电影难道这么差吗？"我看到大滴的泪水滑过她的睫毛，沿着脸颊流下来。她急切地想得知珍妮特最终一切可好。当片尾摄制人员名单出现时，这位优雅的陌生人紧紧拥抱我，亲吻我的脸，泪水搞花了我的妆容。她用沙哑的嗓音吼叫着："哦，棒极了，太美了！"

这部电影不是当年的最佳影片，但却是最受钟爱的那部。影片获得第二名，也就是银狮奖时，观众就是不让评审团主席宣布头奖花落谁家。他们连续五分钟、十分钟地高呼"天使、天使、天使、天使。"

在场目睹影片成功的新西兰人还有一位，他是新西兰电影委员会的销售代理，此前他再三叮嘱我，不要使用客房订餐服务，一来无此预算，二来价格昂贵；再就是，不要以为我们的意大利分销商罗伯托·奇库托在跟我调情，因为他是同性恋。不过，这位销售代理也是这部影片的救星，在他一手负责下，电视剧变成了电影，而且获得机会参加电影节。

电影拍摄完毕后，我再未见过珍妮特·弗雷姆。虽然我们再未有过交集，可时至今日，对她这个人、她的天赋、她对写作的执着，我的理解仍在不断加深。以前有时觉得她很孤独，但现在看来，她并不孤独，而是生活在罕见的自由中，一种几乎神圣的状态，她脱离了丈夫、孩子和狭隘的社会生活，摆脱了世俗的要求与规范。

我在某处读到，2003 年年底，珍妮特确诊罹患急性白血病，生命进入倒计时。面对死亡，她说自己的死是一场冒险，"我一直对冒险乐此不疲"。小妮妮，那个酷爱冒险、朴实无华、头发里藏着虱子卵的红发小女孩。一个诗性的灵魂绝少能伪装得如此巧妙。

如今我感到遗憾，在她临死前没能抽时间去信问候。濒死的她依旧能收到表达感谢与安慰的信件，一些信封上只简单地写着"新西兰，珍妮特·弗雷姆收"。这篇序言是我写给天堂里的珍妮特的感谢信，她已成为神话，成为永恒。她出了名地腼腆，却会与任何乐于阅读这本书的人分享她的生活。

简·坎皮恩

2007 年

目　录

第一部

到实岛去

此卷献给我的父母
哥哥和姐妹

到实岛去（To the Is-land）：作者在此玩了个文字游戏，将 island（岛屿）一词分写成 is-land（直译为"是-土地"）。传记第一部写的是作者离开家乡赴达尼丁读师范学院之前的幼年到少女期的生活经历，是她走向"现实之地"的漫长过程；同时，这个"现实之岛"对新西兰早期移民而言，就是指新西兰本身，因为这个岛就是他们当下的栖身立命之所；再者，作者也似乎在说，个人就是一个孤岛，这就是残酷的现实，故译为"实岛"。

一　第二个地方

第一处是水样的黑暗，第二处充满空气与阳光。身处后者，笔触却源自前者，我写下这番记录，夹杂着事实与真相以及对真相的记忆；这份记录指向第三处，那里，起点即是传说。

二　朝实岛去

先祖们，他们是何人，是传说，还是真实？童年的我常常夸口说，我们弗雷姆家是"和奥兰治亲王威廉一同漂洋过海来到这里的"。后来慢慢知道了，也许这确是实情，因为"弗雷姆"这个姓氏是"弗莱明"或"弗拉蒙"的变体，他们是来自弗莱芒的织工，十四世纪在苏格兰低地定居。每每想起家里人的职业，都让我更加笃信关于先祖的事实或传说：祖母弗雷姆自八岁起就在佩斯利一家纱厂上工；她的女儿波莉、伊瑟、玛吉[1]都当

． ． ． ． ． ． ． ．

[1]　波莉、伊瑟、玛吉分别是下文中作者三位姑姑玛丽、伊莎贝拉、玛格丽特的昵称。

了一辈子裁缝，闲暇时也在刺绣、编织、梭结、钩织，制造出精美繁复的花式；她儿子乔治·塞缪尔，也就是我父亲，各样活计，什么刺绣啊（当时人们叫它"花活儿"），编地毯啊，硝皮子啊，在画布和天鹅绒上画油画啊，都在行。弗雷姆家的人对制作物件特别着迷。我们的爷爷弗雷姆是个铁匠，我家的拨火棍就是他打制的，他还做了那个鞋楦子，甚至还有那把早上搅稀饭用的木锅铲，就是用了很久、非常光滑的那柄。同其父亲一样，我父亲虽已不在，但影子还留在那只皮制针线袋上，一对螺纹黄油碟子上，几把鲑鱼纹饰的调羹上。

我们小时候，父亲很少提到他们家老辈人，那些弗雷姆们和佩特森们，只是讲大部分移民去了美国和加拿大，"佩格表姐"还在加拿大做了老师。现如今，弗雷姆家的八个儿子，约翰、阿列克斯、托马斯、罗伯特、威廉·弗朗西斯、瓦尔特·亨利、乔治·塞缪尔、查尔斯·阿兰，还有四个女儿，玛格丽特、玛丽、伊莎贝拉·伍兹，早已不在人世，第四个女儿与我同名，一岁一个月时便夭折了。

我母亲娘家姓戈弗雷，很早就在怀劳、布莱尼姆和皮克顿[1]一带定居下来。她名叫洛蒂·克拉丽斯，出生在皮克顿，家里还有三兄弟，分别是查尔斯、兰斯、威廉姆以及五姐妹：梅、埃尔茜、乔伊、格蕾丝、杰茜。杰茜二十一岁时就过世了。我外公阿尔弗雷德也是铁匠，他父亲是约翰·戈弗雷，绰号叫"公爵"，是个政治人

· · · · · ·

1　皮克顿（Picton）：新西兰南岛东北部港市。

4

物，也是怀劳河谷羊皮客栈的东家，后来当了莫尔伯勒出版社的编辑。母亲跟我们讲过约翰的兄弟亨利，还有他们的父亲，那位牛津镇的大夫，他配的"戈弗雷延年益寿膏"十九世纪初那会儿在大不列颠可是小有名气。母亲还讲起自己的妈妈杰茜·乔伊斯，她娘家在泽西岛，祖上是法国人。杰茜·乔伊斯的母亲夏洛特以前叫夏洛特·纳什，十八岁时写过一些诗，收在一本封面镌刻了字、有着香豌豆色内页的小书里。后来她从肯特郡的哈勃敦移居新西兰。夏洛特二婚时嫁了一个叫詹姆斯·赫勃雷的男人，老家是惠灵顿沃瑟湾，他第一任妻子的族人（特阿提阿瓦人）称他作沃瑟的赫勃雷。

再说说我的父母。母亲早年辍学，在皮克顿斯托克先生的诊所里做牙科护士，后来到皮克顿和惠灵顿的比彻姆、洛宁等几户人家做事。一战时，她才结婚不久，便到达尼丁[1]的威利·菲尔斯家帮佣。母亲娘家信的是基督弟兄会[2]，而她却嫁了个外人，再加上远离家乡莫尔伯勒，和娘家人不免有些生分，难免絮絮叨叨，说些陈年旧事，像背井离乡之人总是回忆故乡风物。母亲不停地操持家务，衣服前襟的湿痕就是明证：不是弯腰在水槽旁洗过碗，便是蹭到了洗衣大铜锅和洗衣盆的边，抑

· · · · · · · ·

1 达尼丁（Dunedin）：新西兰的第五大城市，位于南岛东南部，东临奥塔戈港，该自然港呈东北-西南走向，港口在东北。后文的查默斯港即在港内，达尼丁市区东北方向。
2 基督弟兄会：信仰神体一位论的千禧年主义团体。基督弟兄会相信圣经的绝对权威性，并以圣经作为一切行事的准则。基督弟兄会没有神父，没有支薪的牧师，也没有阶级制度。所有的成员都为了服务神而自觉自愿地奉献时间、资源和精力。

或是跪下来用旧睡裤、破衬衣袖子和后摆这些形状怪异的东西擦地板。炎热的夏天，为了抑制头痛、减轻疲劳，她将抹布浸了醋缠在额头上。她忙家务反倒忙得适得其反，忙得让人感觉她很少在家，很少在眼前，或者说，像个真实自我已给冲刷掉的不真实的人。也许是想到另一个时间和世界占据了母亲的心，我们就心生嫉恨。也许是害怕陷入这个陌生的世界，我们只想逃离，然而，却不断被她的故事纠缠，不是讲格尔德家、赫勃雷家，就是讲迪芬巴赫、峡湾的沉船，还有怀卡瓦的风情、毛利人的居所，再就是戈弗雷家族那回想起来天堂般的生活。我们渐渐牢记住了好些轶闻趣事，她给每件事都配上了当时的对话，一字不落，无论是在学校、在家里，还是在牙医诊所、在帮佣时的主人家。头一天上学时，她看见威利哥哥膝盖上爬着一个沙螽，简直兴奋极了，大声嚷道："哎呀，快看，威利的膝盖！"；行政官洛宁穿着睡衣、戴着睡帽，引诱妻子上床，嘴里说着"莱蒂，我要你……"

不过，母亲说起当下的事儿时，我们总会认真倾听，因为经她的奇思妙想一渲染，眼前这个平凡的世界，便能让人感觉到它神秘、魔幻的一面。任何寻常东西只消她一说，"看，孩子们，一块石头"，便立刻充满了神奇色彩，仿佛圣物。我们清晰地记得，在她眼中，花草昆虫，无不要紧；季节流转、天气变幻，无论凶险瑰丽，都是大事。她局促而谦恭的态度引导我们去思考，去探究每一件事物的核心。母亲热爱诗歌，她读啊、写啊、背啊，传递给我们对语言的热爱，无论口头还是书面。

我们都叫父亲"爸爸"('Dad'),他总是不苟言笑,什么事儿都一本正经的,留给我们的回忆显得模糊而苍白。只有几个片段比较清晰,其中就有他"养猴子"的故事,每次讲起,他都很开心,一脸神往的模样。那时,全家离开他的出生地奥马鲁,搬到了查默斯港,他妈妈,我们的奶奶在那儿给人接生,闯出了名气。有一天,弗雷姆爷爷带了只猴子回家,说是酒馆里一个水手抛下的。"说呀说呀,"我们每次都会央求爸爸,"给我们说说那只宠物猴儿嘛。"

爸爸在校是优等生,有数张"阿尔巴尼街学校优秀学生"的班级照片为证,然而他也早早辍学,在当地剧院找了份差事,负责制造音效,譬如奔马蹄音、狂风怒吼,而人生的首次冒险,便是尝试从达尼丁家中屋顶飞跃而下。之后,他去了铁路上做清洁,接着一步步升为司炉工、副司机。我出生时他还是副司机,后来便独当一面了,由此步了兄长们的后尘,一辈子跟机车打交道,免不了东奔西跑。他的兄弟们,阿列克斯开出租车;瓦蒂起先做船长,后任墨尔本新港港监;查理做过一段机修工,后成为特鲁比·金爵士[1]的专职司机。唯有鲍勃例外,在莫斯吉尔[2]开面包房[3]。

· · · · · · · ·

1 特鲁比·金爵士(1858—1938):著名的新西兰内科医生,同时也是新生儿养护专家。
2 莫斯吉尔(Mosgiel):达尼丁西部郊区城镇。
3 此处交代作者父亲几位兄弟的生活经历,其中瓦蒂是瓦尔特·亨利的昵称、查理是查尔斯的昵称、鲍勃是罗伯特的昵称。

母亲对我们来讲就是"妈",直到后来长大些,我才意识到,她是个独立的个体。爸妈是在皮克顿婚姻登记处喜结连理的。三周后,爸爸便登船奔赴一战战场。战后返乡,二人在达尼丁市圣基尔达区的理查森路安了家,靠一笔二十五英镑的复兴贷款,购置了实木壁炉前护板、炉前地毯、两张莫里斯餐椅、一张梳妆台、一张椭圆形餐桌、一副铁床架和植绒床垫,另有一张厨房脚垫。这些物件一一列在贷款文书上,冷冰冰地提醒贷款人,款项未付清之前,国王代理人有权进入弗雷姆家,视察并上报"所列家具及附件"的状况,因为签订贷款协议的是"国王陛下与乔治·塞缪尔·弗雷姆"。几年后贷款还清,爸妈将结清证明仔细收好,放进家里最神圣的藏宝处,即梳妆台右手最上面的抽屉。那里还收藏着伊莎贝尔的胎膜、母亲不合适的婚戒与不合适的上齿假牙、刻有默特尔名字的 22k 金挂饰盒、爸爸从战场带回的外国硬币,多为埃及币。

再就是祖辈们了。传说中的曾祖父、曾祖母们,他们做过这个,干过那个,在这里在那里过世,还有健在的祖父母,这些一代代积累下的记忆,丝毫不属于我们。属于我们的是,1920 年 12 月 5 日,长女默特尔出生;1922 年 4 月 20 日,长子罗伯特,小名布鲁迪,呱呱坠地;1923 年次子出生,因是死胎当即埋葬,并未起名;接着便是我,生于 1924 年 8 月 28 日,取名珍妮特·佩特森·弗雷姆[1]。我来到这世上,父母是现成的,一姐一

. . . .

1　后文有几处被昵称为"简"。

兄已开始积累人世体验，然而，除了他们的讲述以及父母对之略有不同的记忆外，他们二人的感受我无从得知。某种意义上，家庭新成员是带着借来的记忆降生的，而降生后，每个人便开始提供个人体验，塑造过去与现在，构筑对未来的希冀与憧憬。

三　身着天鹅绒长袍

为我接生的，是达尼丁圣海伦斯医院的艾米莉·赛德贝格·麦金农大夫。还未出院，我便出了名，人人都知道有个"时刻要吃的婴儿"。我本是双胞胎，另一个却只发育到几周大。母亲家有生双胞胎的传统，她常常念叨一首诗，我记得是她祖母写的。那老太太生过两对双胞胎，可没到一岁都夭折了。诗中写到"四只小金锁"。每每说起生我的事儿，母亲总忘不了两点，一是她很得意，给我接生的是新西兰首位医科大学女毕业生，二是她很自豪，奶水多到喂饱了我还有富余，可以匀给别人家的孩子。

"我的奶水就给抽走了。"她边说边做出慷慨相赠的动作，回手挥向自己的"奶"，再用力挥出。这类手势于她不在少数，我们将之归于她娘家那边的法国血统。这般推想时，祖先的魂灵便环伺左右，紧盯着我们。谈起艾米莉·赛德贝格·麦金农大夫时，母亲的表现同样极富戏剧性，即便在我生命的头几天，也注定留下难以磨灭的印象，之所以这么肯定，是因为她一辈子不停念叨的重要名字，譬如亨利·沃兹沃斯·朗费罗、约翰·格林利夫·惠蒂尔、哈丽雅特·比彻·斯托、威廉·彭伯·里夫斯[1]（《消失的森林》）、迈克尔·约瑟夫·萨维奇[2]，总能唤起魔法般的感觉。

我出生的那座城市，不久前才经历过两次重大历史事件，而我出生时，它正期待着新的大事件的到来。1923 年，利斯河洪水泛滥，淹没了达尼丁地势低洼的区域以及我家住的圣基尔达区，而就在那之前几年，威尔士亲王访问了达尼丁。因此，我最早的记忆，便是人们谈论王子与洪灾，便是大人们高高在上，他们的来言去语我无法企及。我刚满三周，全家便搬去乌特勒姆区，屋后长着棵大核桃树，还有一间牛棚，养着头红白相间的艾尔郡奶牛，名叫贝蒂，两只角树枝般叉开。刚满六周，母亲便带我进牛棚挤奶。我最早的记忆支离破碎，除了大人们的谈话，其余的都发生在屋外，比如在牛棚里，在邻家果园中，在核桃树下。稍长大些，我就给放进核桃树下装煤油的大盒子里自己玩儿，继而手扒着盒沿学走路。家人后来跟我讲，我开口说的第一句话是"捡核桃，妈咪"，"核桃"说成了"花桃"。我的发音常常古怪，定是逗得大家乐不可支。人家跟我说，"小精

· · · · · · · · ·

1　威廉·彭伯·里夫斯（William Pember Reeves, 1857—1932）：新西兰作家、政治家，曾任劳工大臣。《消失的森林》是他的名诗。
2　迈克尔·约瑟夫·萨维奇（Michael Joseph Savage, 1872—1940）：新西兰政治家，工会领袖，新西兰工党创始人之一。1935 年当选总理，后文昵称他"米奇"。

灵"能治麦粒肿，可到了我嘴里，就成了"小更灵"。我咿咿呀呀地唱道："上帝保佑我们仁慈的'罐'[1]"。我喝的是"流奶"。二十个月大时，家里又添了个妹妹，起名伊莎贝尔，我却叫她"伊达布拉"。

妈妈这时忙着照顾妹妹，跟我们住的奶奶便负责带我，我们成了朋友。"小更灵"的事儿就是她同我讲的。在我最早的记忆中，她身量高挑，穿一袭黑色长裙。后来，严重的糖尿病令她截去一条腿，只能坐在轮椅上。她皮肤偏黑，满头卷曲的黑发，虽然操一口苏格兰土话，唱的歌儿却是源自美国南方腹地。她常在房中转悠，悄无声息的，却突然间放出歌声，将某种情绪填进我的胸膛，很久以后我才明白，那叫忧伤。"带我回弗吉尼亚的往昔……"第一句唱过，她稍事停顿，仿佛即将到家，不过将全部身心送回去，自然会有一点儿延迟。现在想来，我当时就能看出，她立在屋中茫然四顾，一瞬间仿佛变成了陌生人，也会像陌生人般说："噢，你也有这个，洛蒂。我还不晓得你有这东西。有一个还是挺好的，对吧？"奶奶接着忘情地唱下去："在那里，玉米、棉花、马铃薯茁壮生长……"她也唱过"为老主子累断腰"。我觉着，奶奶是非洲人，在美国做黑奴，真正的故乡是"弗吉尼亚"，她一直巴望着要回去。你瞧，虽然只那么点儿大，我却知道黑奴的事。

那一阵子，家里人都在谈论哈丽雅特·比彻·斯托的《汤姆叔叔的小屋》，因为我一头卷发，便把我唤作

· · · · · · · ·

1　把国王（king）错发成"罐子"（tin）。

11

"托普西"[1]。家人会问我，"你是哪个呀？"一来二去的，我就学会了，答道："我就是那个从未出生过的女孩儿，而且我是在拍卖商家长大的。天哪，瞧我有多邪恶！"母亲也会讲起伊丽莎穿过冰面那段，好像它跟新西兰首批移民、威尔士亲王的访问以及达尼丁的洪水一般，都确有其事。她还说到邪恶的西蒙·勒格里。那时，泰坦尼克号的灾难常被提及，人们对此记忆犹新，因而聊天时常说起冰，冰盖、浮冰群、冰山什么的。

住在乌特勒姆区时，三岁生日前的记忆和感觉仅有孤寂。我记得一连数小时观察贝蒂，见这部蒙着牛皮的机器，前后两头紧着忙活，各类固体（萝卜、苹果）与液体从一头进去，变作别的固体液体从另一头出来，呈现出各种色彩，弥漫着诸多气味。我常常立在桶前，挑大个儿的红苹果喂它，它呢，时不时张嘴打哈欠，露出磨损了的大牙，将土豆、萝卜、苹果、草料的混合味儿喷到我脸上。我记得斯诺家，也记得他们家果园，还有我的朋友小博比，他教我骂"该死"，我却学成"该释"[2]。我记得操演厅（我说成"淘演厅"）背后那间可怕的军火库，闲人不得靠近；记得那银光闪闪的煤油罐，给我当成唯一的玩具，拴了根绳子拖在身后，走到哪儿便拖到哪儿，咣啷啷地撞击着地面，有时一面凹下去，

. . . .

1 托普西为《汤姆叔叔的小屋》中的人物，是个不知来自何方的黑人女孩，虽是奴隶，却聪明活泼，是后来文学艺术作品中黑人女孩的原型之一。下文的伊丽莎、西蒙·勒格里都是这部小说中的人物，伊丽莎为奴隶主谢尔比夫人的女仆，勒格里是贪婪狠毒的奴隶贩子。
2 原文是 bugger 念成 Budda，二词音近，而 Budda 意为"佛"。

继而又撞得鼓起来，恢复了原样，那声音直似雨打水箱般嘈杂。我记得托普西、西蒙·勒格里、冰面上的伊丽莎。此外，还记得那些妖怪（或死人），它们要等天黑才来，那时蜡烛已被掐灭，煤油灯芯儿蔫头耷脑；在最早的记忆中，有件不可能发生过的事儿：一个高个子女人，鼻子上夹着个晾衣夹，透过墙上高处的小窗朝卧室内窥探，盯着躺在小木床上的我，声音尖细地说，"你个爱管闲事儿的小家伙"。

那段日子里最真切的记忆，是大门前那条尘土飞扬的白色长街以及那片令我毛骨悚然的沼泽地（我称之为"沼蔗地"），别人再三警告我，千万别靠近。我清晰地记得沼泽边缘怪模怪样的草，绿油油的甚是诡异；沼泽上长满野草，颜色颇似印度橡胶球的内部；金色的牛身披天鹅绒外套，傍着篱笆悠闲地吃草。我仍清楚地记得自己身穿那最钟爱的衣服，一件金色的天鹅绒长裙，我叫它我的"牲口服"。记得有那么灰暗的一天，我站在大门旁，听着电报线间的风声。有生以来，我头一回清醒地感知到，有种外在于自我的悲哀，抑或它虽在我心里，却来自外部，来自电线间风的呜咽。我的目光从白色长街的这头扫到那头，却不见人的踪影。风从一处刮向另一处，刮过身边，我立在中间，倾听着，感到悲哀与孤寂沉甸甸压在心头，似乎发生了什么，似乎有什么开始了，我心知肚明。现在想来，当时的我还未将自己看作放眼外部世界的人，因为那时的我，觉得自己就是全世界。听着风声，听着它悲愁的歌谣，我明白，所听到的悲哀与我无关，它属于这个世界。

我并不试图追寻此种感觉的一般源头。你从海滩如获至宝般带回一堆贝壳，抖掉沙，扯掉纠缠的海草，清理碎贝壳的残片，甚至还要清除贝壳里死掉的黑眼睛小居民。也许吧，我用流逝的时间，来抛光这记忆的海贝，但打磨出光泽，并非为了世人观赏，而是因为记忆与我如影随形。

我学习词汇，一开始便相信词汇心口如一。令我略感困惑的是，家里怎么会有铁路杂志，我们小孩子不是禁止靠近杂志（军火库）[1]的吗？每每唱起"上帝保佑我们仁慈的'罐'"，我便认定唱的是我心爱的煤油罐。乌特勒姆那段日子里，家里很多亲戚就住附近，大家经常走动，聊天开心时，词语便如风般顺着隐形电线飞驰，它们意义丰沛，至关紧要，描绘了伟大的达尼丁和南海博览会，详述了约克公爵的访问，此外，还为无名之地命名。来串门儿的亲戚多是弗雷姆这边儿的，这个家族性情活跃，执着于细节，热爱家居生活，热爱壁炉边的氛围，也使得即便出门稍微转转，都能让他们回味无穷。无论是聚会、交谈，还是新闻、传言、真实事件，他们都能忆起哪怕最不起眼的细节。谈到重大事件，譬如皇室成员到访、大型博览会、大洪水、永不沉没的轮船沉了等，这家人还会从正在阅读的书籍中、从牢记于心的诗歌中采撷生动的细节，令人仿佛身历其境。现在回头看，我便明白了，当时为何会莫名其妙地感到兴奋，那

----

1 英文中 magazine 一词多义，可以是"杂志"，也可以是"军火库"，故作者儿时会有困惑。

兴奋存在于词语中，它们纵横穿梭，织就了一张词语之网。

三岁那年，我们举家搬去南地的格莱纳姆[1]，谁叫我们是铁路上的人呢？

四　铁路上的人

我的记忆再次充满外部世界的色彩、空间与自然风貌。我们格莱纳姆的房子坐落在山上，到那儿的头一周，我便发现了一个去处，一个只属于我的去处。我独自到山上转悠，来到一条小溪边，于横卧在地的老树间，找到个秘密藏身处。那儿有根长满绿苔的原木，坐于其上，头顶绿叶新吐的白桦枝干屋顶般遮蔽了天空，只余斑驳的孔隙透过阳光。地面铺满经年堆积的枯叶，又湿又滑，踩上去嘎吱作响。坐在原木上，举目四望，我陶醉在美妙的感觉中，因为这个发现，因为心存感激，因为拥有这个所在。我知道，这地方完全属于我：这苔藓、这小溪、这原木、这秘密。这种拥有某物的感觉前所未有，与拥有我的"牲口服"殊为不同，与拥有妹妹伊莎贝尔殊为不同。为了妹妹，我跟默特尔、布鲁迪常常争执不休，只因母亲说她是我的宝宝，一如布鲁迪是默特尔的宝宝。正因为此，我觉得，若是要不停争夺所有权，拥有某人不是件轻松的事儿。

· · · · · · · ·

1　新西兰南岛最南端南地大区城市，在首府因弗卡吉尔东部。

记得对世界，对外面的一事一物，我都心怀强烈的期盼，感到难掩的兴奋。世界便在那棵倒卧的白桦树旁，四下绿草如茵，草中虫鸣啾啾，仰头望蔚蓝天空，放眼见牛羊野兔，绣眼鸟嬉戏枝叶之间，鹰隼翱翔于高天之上。记得我对天空抱有特殊情感，它浮于上方，高远缥缈，那里有父母曾经生活过的地方，令我心生怀恋之感。多年后，我们几个孩子翻出本旧课本，里面有首诗，另几人均生出同样的怀旧愁绪。

> 小男孩仰卧草地上，
> 面对天空静静凝望；
> 只见高处白云朵朵，
> 慵懒闲散漂浮而过。

我们躺在夏日的长草间，抬眼望云，默念这首诗，心知彼此都心怀同样的怀旧情绪，对天空充满了向往。

父亲常开着那辆福特 T 型车，带全家一路南下，去很远的河边、海边，令我们对外部世界燃起愈发炽烈的热情。父亲酷爱垂钓，每当他抛竿待鱼之时，我们便尽情玩耍，摆出带来的食物，学母亲的样子讲故事。大家围坐在火堆边，曼努卡树的枝叶在火中噼啪作响，水在铁皮锅中咕嘟沸腾，母亲则现场作诗编故事。记得最早有次去南海边，我跟大家讲了个小鸟、老鹰和妖怪的故事，我的发音版是"小了""老宁"和"妖盖"。这件事令我印象深刻，一来是因为母亲常常提起，每次都模仿我，满含同情地歪头说"可怜的小了"，但主要是因为我记得脑中妖怪的模样，它从山背后跳出来，像巨大的黑色阴影。"从前有只小了。有一天，老宁从天上飞下来，把它吃了。哦，可怜的小了。第二天，一只得得（大大）的妖盖从山背后跳出来，把老宁吃了，谁让它吃了小了。"

我还记得，为了让默特尔和布鲁迪听故事时端坐不动，我使出了浑身解数，还央求母亲帮忙。"妈，你看啊，默特尔和布鲁迪扭个不停。叫他们别扭了，我讲故事呢！"

野餐时母亲朗诵的诗篇，有的是即景之作：怀帕帕角的灯塔，天空中的南极光。"快看，孩子们，南极光！"

> 岩石海岸上灯塔矗立，
>
> 飞翔的海鸥鸣声孤寂，
>
> 明亮的日光渐渐退去，
>
> 唯神之图画映于天际。

有些却并非出自她的手笔，比如那些吟诵沉船残骸、汹涌浪潮的诗行：《林肯郡海岸的大潮》（"快起来，白脚，快起来，轻脚，还有杰蒂，快往挤奶棚跑"）[1]等。这也没什么新鲜的，我们对奶牛和洪水都不陌生。"妮妮，那会儿还没你呢，默特尔和布鲁迪都是小娃娃。"搬离乌特勒

· · · · · · · · · ·

1　《林肯郡海岸的大潮》是英国19世纪女诗人琼·英奇洛（1820—1897）的作品。弗雷姆在原文中将题目与译文中括号内的诗句当作两首不同的诗的题目，似乎是记忆错误。诗行中的白脚、轻脚和杰蒂均是诗歌叙述者家里的奶牛，正吃草时大潮来袭，叙述者的儿媳催它们别舍不得好吃的牧草快跑，而儿媳最终被淹死。

姆时，我们无奈，只得"放弃"贝蒂，现在得从对面山上的贝内特先生那里买牛奶。我们渐渐迷恋上那海滩与河流，迷恋上南地夕阳长长的影子，迷恋上金色道路两旁灿烂的金雀花树篱，迷恋上时刻盘旋在高天上的雄鹰。

默特尔和布鲁迪在格莱纳姆上小学，有时我跟着他们翻过山梁，再爬上另一座山顶，去那所只有一名教师的学校。我坐在教室角落里，看着"大人们"，听他们讲话。我在格莱纳姆学会了个特别的词儿"顶伤"，因为贝内特先生出了事儿，给他家那头暗棕色泽西公牛顶了一下，被紧急送往因弗卡吉尔[1]的医院，人家都说，暗棕色的泽西公牛性子最烈。

许多时候我也待在"我的领地"，很开心能有这么个所在。可是有一天，父亲带着条消息回来："孩子娘，我又要换工作了。这次是去伊登代尔[2]。"根据安排，我们来年初夏才能搬家（当时还是秋天），而我们住的铁路上的房子要拆掉，搬去伊登代尔重建。那年冬天我们只好住小围场内的铁路小屋中，四周山上，是那所学校、贝内特家的房子还有我们家原来的房子。小围场一角是片湿地，遍地长满金丝般的雪草，其间点缀着灯芯草、雪浆果和橙堇。

湿地的红色、虫子的金色、天空的灰色、铁路的红色、铁道的黄色、铁茉莉的绿色、高草丛的金色、雪草

- - - - - - - -

1 　因弗卡吉尔（Invercargill）：是新西兰南岛最南部沿海城市，也是南地大区的首府，位于南地平原中部，福沃海峡北岸，布拉夫港以北十八公里。南地大区在奥塔戈支以西。

2 　伊登代尔（Edendale）：新西兰南地大区城市，在格莱纳姆以北。

的金色、橙堇的橙色、雪浆果的奶白色，凡此种种，皆在南极大陆反射而来的雪亮天空下熠熠生辉。我们常听母亲说，"孩子们，那是南极来的。"放眼望去，随处都是斑斓的色彩，我们一想到自然的怀抱便激动不已。

铁路小屋有三间，还有一间不知道算不算，里面支了口煮衣服的大锅，看来是洗衣房。三间里一间是厨房加起居室，一间是默特尔、布鲁迪和我的卧房，放了上下床，还有一间是父母的卧房，伊莎贝尔还小，跟他们睡。除了厨房兼起居室略大些，其余两间均只有六乘八英尺见方。起居室内生了炉子，支棱着白铁皮烟囱，直穿出房顶外。每个房间都刷成铁路红，有单独的门。厕所我们叫作"茅坑"，那时都差不多，是个四周围蔽的深坑，坑上安了个铁路红的座儿。晚间照明用的是蜡烛和煤油灯，只有厨房兼起居室有火炉。起初我们还盼着住进去会很快活，母亲还从脑袋中搜出应景的诗句来，令人益发激动。然而，才一领教南地暴风雪的威力，那股兴奋劲儿便荡然无存。吉卜赛营地、阿拉伯人收卷帐篷、林中宝贝，这些故事再好听，应对酷寒也是无能为力。雪似乎从未停歇，小屋与围场庭院都深埋在雪中。

现在想来，那个冬天，我第一次明白什么是忧伤。每晚都和父母分开，去找他们得穿过深雪，令我痛苦不堪。我那个年纪的孩子很怕人逗，因为跟人家透露过我怕墙里的耗子，他们便模仿墙里的耗子，真的很像墙里的耗子，吱吱叫着吓我。我们都冻病了，我的腿痛起来，整个童年都因此痛而备受折磨。我发烧了，烧得糊里糊涂，恍惚间看到各种昆虫，沿着墙爬上爬下。所谓的

"生长痛"与发热，其实是风湿热。潮湿与寒冷无处不在，整个世界晾满了洗好的衣物和尿片，潮乎乎的就是不干。尿片上绿不唧唧的，就好像我们家小东西跟小牛崽儿似的，吃下去的是草。妈依旧给伊莎贝尔喂奶。虽说妈的奶子好似奶牛的乳房，总是那般充盈，偶尔会将乳汁射入我们口中，可是因为吃奶时会咬人，我两岁便断了奶。然而，尽管妈妈"相信"母乳能吃多久就该吃多久，看到我们早早学会使用刀叉杯勺，她也甚感自豪，会跟人家无比骄傲地说，我"六岁就会用杯子喝水了"。有一天，她终于下定决心，要让我们明白，那对乳房是小宝宝专属，于是便涂了很苦的东西在上面。

尽管困在室内令人痛苦，围炉而坐的时光却分外温馨，泡在火炉前圆圆的铁皮澡盆内，嘴里哼着"搓得好，搓得妙，三个男人来泡澡"[1]，总是令人惬意的。母亲呢，也养成了习惯，帮我们，其实也是帮自己排解悲苦，说你们看雪多美啊，跟我们讲一个个雪的、雨的故事，还讲杰克·弗罗斯特[2]的严寒，说他"专挑我们的手指脚趾下手"。她的目光穿过那一小方无帘的寒窗，凝视着黑漆漆的乡野，口里念叨着："也不知道杰克·弗罗斯特今儿晚上会来不？"她心里清楚，我们心里也明白，他一晚上都不会落下的。不过，我觉得把他当作个人，还起个名字，真是挺好玩儿的；比起另一个夜行者，也就是圣诞老人，我更相信他的存在。此外，在温暖的厨房中，母

<hr />

1 rub a dub dub, three men in a tub: 英文童谣，用 rub, dub 和 tub 来押韵, rub a dub dub 指的是搓澡的声音, tub 是澡盆。

2 杰克·弗罗斯特: 英语中霜冻或严寒的拟人形象。

亲拉着手风琴歌唱，父亲则时常踏着雪来回行进，吹奏风笛，《北方的雄鸡》或《林中的花朵》悠扬响起。他固执地认为，吹奏风笛时必须阔步行进。吹的曲子都出自那本风笛曲谱。

第二年暮夏，我们搬去伊登代尔，住进重建的房子，也便深入到铁路世界的核心。房子毗邻铁路线，周围到处都是货棚、机车库、转车台、道岔，还有铁轨边漆成铁路小屋红色的水箱，安装在铁路小屋红色的基座上。抬头看，可见山上信号员的小屋，也漆成红色，看上去弱不禁风，那是他挂出信号旗的地方。四下里还有许多火车车厢、卡车、台车，要么静待下一趟活儿，要么已经彻底退休。我们玩很多游戏，其中有个叫"台车跑"，假装自己是铁路上跑的台车。我成日价在铁路上玩耍，游荡在铁路边的野草野花间，与酸模草、野豌豆为伍，溜进货棚，看堆积如山的粮袋，突然间，我就像一只翅羽有力的"寒鸦"，三下两下爬到我们叫作"爬梯"的粮堆的顶端，扇动翅膀，嘴里发出鹰隼般的鸣叫，朝默特尔和布鲁迪直扑下来。晚饭时爸妈问我们玩了些啥，他们就说："妮妮扮演寒鸦，妮妮是那只寒鸦，我们一直在爬爬梯。"我虽从未见过寒鸦，可却听说过，但凡见到颜色鲜亮的东西，它们便飞扑下来，衔了带回鸟巢去。

模糊地记得，这个新建的旧屋子还没住暖和，我们便得到消息，又要搬家了，搬去温德姆[1]。

· · · · · · · ·

1　温德姆（Wyndham）：新西兰南地大区城市，位于伊登代尔东南五公里处。

五 温德姆，渡船街

温德姆是南地大区一个河流纵横的城市，不出意外，我家的房子是那种铁路线旁的铁路房，不过这次坐落在一条街上。那条街叫作渡船街，我却当它是"仙女街"[1]。从精灵栖居的乌特勒姆，搬到仙女出没的温德姆，似乎顺理成章。来到温德姆，我做梦都没想到，世界上会有这么多人。原以为这世界就只是蔚蓝的天空、绿色的围场、湿地、香蒲、高草、雪草、绵羊、牛，是空荡荡道路上电报线间流转的风，是自远处而来又延伸到远方的铁轨；拿来牛奶、苹果，跟父亲换渔获（彩虹鳟鱼、褐色鳟鱼、银鱼、牡蛎）和我家的李子、苹果的邻人，频繁走动的熟人，特别是乌特勒姆的亲戚，他们大谈着上中部、米德尔马奇、因奇克卢萨[2]。世界还如在格莱纳姆与伊登代尔时，与我们相伴的唯有变换的天气，母亲父亲白天忙碌，夜里唱歌、拉手风琴、吹风笛，而我们小孩子，一眨眼就去玩耍，直玩到上床睡觉。

我们温德姆的家是一溜房子中的一所，花园在房后，与平行街的后花园相接，铁路在那一溜房子的尽头，围场坐落在铁路边，我们家新买的金色泽西牛就在那儿吃草，它叫美女，带着头黑白相间的母牛犊，我们叫它潘茜。此外还有间鸡舍，养着些白色来亨鸡，鲜红的鸡

. . . .

1 渡船（ferry）与仙女（fairy）音似。
2 这三处都是奥塔戈区的地名，米德尔马奇在区内中部偏东；因奇克卢萨在区南近海岸处，位于新西兰南岛南部两个大区（奥塔戈大区和南地大区）首府达尼丁和因弗卡吉尔中间。

冠软塌塌地耷拉着，还有只大公鸡，尾巴高翘着，顶端的羽毛排列齐整，颇似一手理好的扑克。

在我的记忆中，温德姆仅有两条街，一条是渡船街，另一条是渡船街尽头处的那条街，街上有多家店铺，还有《温德姆农人报》报馆。说到其余的地标，便是铁路、火车站、学校、赛马场、高尔夫球场，再有几条或近或远的河流。这几条河渐渐便给我们摸熟了。以前也这样，凡是我家附近的河流，譬如乌特勒姆的李溪、格朗河，浑浊的米米豪溪，湍急的马陶拉河，我们都是谙熟的，对那周边的围场、草木，也都了若指掌。

我曾熟识的那些人中，虚构的以及因时空远隔而变为虚构的，比如先祖、亲朋、王侯、伊丽莎、西蒙·勒格里、杰克·弗罗斯特、吉卜赛人、小威利·温琪、林中宝贝以及妖怪、精灵、仙女，加上歌中与幻想中的人物，其数量远超血肉之人。我因此觉得，渡船街是神秘之人出没的地方，他们或以血肉皮囊示人，或者干脆只行走于诗与歌中。比如对街墨菲家，并非正对面儿，要过去几家才是。就那家，高高的大果柏树篱，修剪齐整的草坪，绿苔斑驳的石头门阶。爸爸晚上唱歌时，会唱到他们家："丹·墨菲家门前的石头啊！"我心里明白，他唱的是那家的房子和绿苔斑驳的门阶石，我常透过他家大门上的手孔、树篱的缝隙，久久凝视"丹·墨菲家门前的石头"，仿佛那是从歌中幻化来的。我心中装满忧伤，也体味到一种平和的归属感，因为我觉着，我们家也在那歌里，每当爸爸笃定地唱道：

童年的伙伴与朋友，

大家虽贫穷却满足，

在墨菲家门前石上，

欢快地哼唱着歌曲，

那时的我们还年轻。

我知道，他唱的是我们。我坚信，父母的歌声，大多或
全部都指向我们家的生活以及他们曾经熟悉的地方。

镇子东到镇子西，

女孩子们在玩儿转圈游戏[1]；

"伦敦桥在倒塌。"

女孩儿男孩儿在一起，

我和玛米·奥洛基

轻快地走在纽约城

人行道绝妙的光影里。

纽约城也属于我们，我觉得曾经到过那里。希望自己属
于一个地方，而且不会被迫离开，这也不失为一个妙法。

还有那些饱含忧伤的歌曲，唱的是遭受绞刑的绿
衣男女[2]，悲戚的风笛声呜咽着盘旋而上，直入云天。此

· · · · · · · ·

1　转圈游戏（ring-a-rosie）：儿童游戏，一群孩子围成圈，圈中有一个孩子，
大家围着他转圈，一边唱着童谣，最后一句唱完，都要向圈中人行礼，最慢者
成为下一个圈中人。
2　遭受绞刑的绿衣男女（hanging men and women for the wearing of the green）：
这是一首著名爱尔兰街头民谣的歌词，歌名为"The Wearing of the Green"，
其意在悲悼遭到镇压的1798年爱尔兰起义的支持者。起义的领导是"爱尔兰
人联合会"，它以绿色为标志，会众着绿衣，系绿丝带，佩戴绿色帽徽。

外，爸爸也开始唱战争歌曲，譬如《蒂珀雷里》《英国老家》《来自阿尔芒蒂耶尔的法国小姐》[1]，还有那首"哦，天哪，我不想死／我想回家"，每每听得我们心如刀绞，想想他，想想别的士兵，真是太可怜了！

除了老歌，还有"时下流行"的。突然有一天，满大街的人都在唱，有时似乎还得斗着胆子，比如《月光与玫瑰》，歌里唱到"月光下独坐篱笆旁岂不是辜负良宵"，就连我们小孩子都知道"月光下独坐真是无趣"。还有《踮着脚穿过郁金香丛》《喂，喂，你这位女友是谁啊》[2]，后者成了伊莎贝尔（我们那会儿叫她"朵茨"）的专属，她老是唱"喂，喂，你这位女友是谁啊／谁是宁塘边（你旁边）的小姑娘？"再有就是那首禁歌，"哈拉路亚，我是个废物，哈拉路亚，我是个废物……"[3]

有首歌对爸爸而言别具意义，他只唱给妈妈听，每每唱罢，他们又是亲吻，又是欢笑，妈妈面颊绯红，笑

· · · · · · · ·

1　这三首歌都是流行于一战期间的英国歌曲。蒂珀雷里为爱尔兰中南部一内陆郡，这里指的是歌曲"It's a Long Way to Tipperary"，据传由 Jack Judge 和 Harry William 创作，Jack Judge 1912 年首唱，后于一战期间成为广受欢迎的军队进行曲，战后作为战争歌曲留存于人们的记忆中。"英国老家"（原文为 Blightie，通常作 Blighty），英国的昵称。1916 年，Vesta Tilly 在其流行金曲中唱到英国士兵受伤住院欣喜万分，可以回家，而 Blighty 就是"英国老家"的意思。罗伯特·格雷夫斯在其自传《向一切告别》（1929 年）中也提到这个词，不过写法是 Blitey。

2　《踮着脚穿过郁金香丛》，1929 年问世的流行金曲，Al Dubin 作词，Joe Burke 作曲，吉他手 Nick Lucas 演唱。1969 年，美国歌手 Tiny Tim 翻唱，使之再度走红。《喂，喂，你这位女友是谁啊》，由 Harry Fragson 作曲，Worton David 和 Bert Lee 作词的流行金曲。

3　《哈拉路亚，我是个废物》：美国民歌，1908 年问世，讽刺了人们对流民生活状态的道德美化。

着说"哦，小卷毛儿"，或者"哦，塞米"。歌中唱道：

快上我的飞艇去游玩，

快与我扬帆群星间，

快来去金星看一看，

快来把火星绕个圈，

我们亲吻没人旁观，

我们拥抱没人会管，

快上我的飞艇去游玩，

月亮上的人正把我们盼。

唱完这首，爸爸意犹未尽，接着唱道："闪烁的煤气灯下／站着个无父无母的小姑娘"，每听到这里，我们心里便涌动着忧伤，同情这小姑娘的感受，也明白，有父有母有家，有牛有鸡有围场上的小兔子，是多么温暖与幸福。

　　住在温德姆的那些日子，父亲母亲可忙着呢。爸爸拿起了油画笔，在画布或天鹅绒上作画。每晚他都吹奏风笛，哄我们入睡。他也打橄榄球，有次踢断了脚踝，画画的时间变得更加充裕。他还打高尔夫，穿条宽松的运动裤，因此，我们便多了项乐此不疲的活动，那便是拆开旧的、有时甚至是新的高尔夫球，探究皱巴巴、紧绷绷、臭烘烘的橡胶条的末端，到底藏着什么。（那真是忒修斯般的幸福日子！[1]）爸爸也会跟强尼·沃克一道儿

- - - - - - - -

1　忒修斯是莎士比亚喜剧《仲夏夜之梦》中的雅典公爵，该剧第一幕第一场开篇处，忒修斯言及再有四天的幸福生活，便迎来婚期。

去看赛马，这人住街对面儿，是个澳大利亚来的铁路工头，教过我们玩纸牌。我们会乘坐那辆灰色福特T型车，去偏僻的海边、河边野餐，有时停在酷热难当、尘土飞扬的路边，父亲给水箱里加水，激起沸腾的水泡，而我们则仰望天空，盯着似乎除我们之外这世上仅有的生灵：高飞的云雀，时而盘旋时而俯冲的苍鹰。

就在那会儿，母亲开始每周在《温德姆农人报》上发表诗作，很快便小有名气，被誉为"本地诗人洛蒂·克·弗雷姆"，令她颇为得意。爸爸也带给我们惊喜，有天他从当地拍卖行弄回一架自鸣钟、一套页边有金粉的奥斯卡·王尔德文集以及一部留声机，外加几张唱片，比如《威麦格雷戈进行曲》[1]《搭鸡舍第一部》。我们津津有味地摆弄唱机，含有唱针的颈部竟能如死鸡脖子般拧来拧去，令我们甚为着迷。我们也将王尔德的童话抓在手里，不过要等搬去奥马鲁后才开始翻阅。

我四岁差两个月时，小妹琼（菲莉丝·玛丽·伊芙琳）出生了。回首看时，那年冬天和铁路小屋中度过的那一冬同样悲惨，令人难以忘怀。除了寒冷外，令我们苦不堪言的就是可怕的洛小姐了。我的痛苦有所减少，因为默特尔和布鲁迪不再戏弄我，而是跟我结盟，共同对付那个女人。洛小姐是父亲钓友的妹妹，小妹出生以及之后几周，她过来照顾我们。这女人瘦高个儿，穿一身褐色衣服，戴一副窄金边儿眼镜。她面含敌意，行事专横，根本不待见我们。说到母亲，她便抱怨"洛蒂太

· · · · · · · ·

1 《威麦格雷戈进行曲》：由 Henry G. Amers 作曲的著名苏格兰进行曲。

惯他们了"，这句话在我们童年便时常萦绕耳边。

这女人显然笃信"内在纯洁"，于是按时逼我们服用蓖麻油，一见到那个细长的蓝色玻璃瓶，我们就满怀痛恨。即便待在房子里，我们也不得靠近前屋，因为那是生孩子的地方，这会儿母女正在安睡。没办法，我们只能挤在一起，乱编"洛小姐"故事以苦中作乐。那些故事骇人听闻，譬如"洛小姐摔下悬崖毙命""洛小姐遭到雷劈""潮水淹死洛小姐""洛小姐迷失森林中""洛小姐饿死沙漠里""洛小姐因坠落废弃的矿井而丧命"等等。（我们那时开始看漫画书，书中的英国孩子常常掉进废弃的矿井受伤。）我们互相较劲，看谁给洛小姐安排的下场最悲惨。我们相互依偎着说，"来讲个洛小姐的故事吧"，感觉那么甜蜜，同时又意识到，在我们自己的家里，竟有外人想取代母亲的位置，而我们却成了弃儿。

洛小姐不久便离开了，母亲也回归到我们的生活中，她大多时间都在照顾新生儿菲莉丝·玛丽·伊芙琳·琼（"伊芙琳"是依洛小姐的名而取），我们管这孩子叫"小鸡"。然而，很久之后，我们依旧在编洛小姐的故事，直到有一天，突然你看看我、我看看你，大家颇觉尴尬，似乎是做错了事，因为我们明白，再也没有编故事的必要，我们已经找回了快乐，洛小姐的故事终于成了过去。我们不再抱团儿，而是各司其职，有的照顾小妹妹，有的去鸡舍伺候白色的来亨鸡。对母鸡我们特别上心，用破毯子片儿裹住它们，去哪儿都抱在怀里，还喂它们"舒服药"（我们把灌肠器叫作"舒服药"，就是一个带尖头的橘红色橡皮球，我们想拉又拉不出来时，妈妈就把尖头塞进我们屁眼儿里），不过给鸡的"舒服药"是长长的稻草。插好后，我们把鸡放进盒子里，仔细掖好毯子片儿，无论我们如何瞎折腾，它们都出奇地配合，就那么卧着，浑身盖得严严实实，一双近视眼瞪着我们，目光明亮而坚定，时不时眨一下皱巴巴的白色眼睑，发出一两声低沉的抗议。

住在温德姆的日子里，菜园里盛产包菜，家人喝的是井水，夜里点蜡烛和煤油灯，因为夜色"漆黑"，夜影浓重；晨光熹微中所见之人，仿佛大踏步行走在世界的表面，而时至正午，原来不过是站在小小的人群中。我渐渐认识到，凡事均与阴影共享其生命与位置。夜里点上蜡烛时，母亲会说："有个小小的阴影跟着我进进出出。"住在温德姆的日子里，生活中还有许多其他人，比如其后花园对着我家后花园的邻人，比如贝德福德夫妇和他们的子女：乔伊、玛乔丽、鲁尼。这三个孩子我记得很清楚，但出于不同的原因。乔伊得了肺结核，住在怀皮亚塔[1]的一家疗养院，一提到"怀皮亚塔"，我们就不寒而栗。"她真的在怀皮亚塔。"玛乔丽的胸"又瘦又小"。（母亲这句评判中既带着不屑，也满含悲哀。每次挤奶，她都会给贝德福德家送去一桶，盼着几个孩子能像我们一样长得"结实"。）鲁尼最小，因为给鼻子里塞进颗珠子而出了名。

我们家正对过儿住的是火车工头汤米·迈尔斯，有老婆孩子。我们跟他家还没处多久，汤米就在我家前面

· · · · · · · ·

1　怀皮亚塔（Waipiata）：新西兰奥塔戈区的内陆城市。

给快车碾了，截去了双腿，后来死在因弗卡吉尔的医院里。事故发生后，他给"急送"到那家医院。我们记得"急送"这个可怕的词儿，它代表着不测事件，贝内特先生给泽西公牛"顶"了的那次，就是用的这个词。汤米遭遇事故后，周围的人赶紧撕了床单作绷带，而母亲则用我们称之为"地震－海啸音"的大嗓门高喊道："是汤米·迈尔斯，是汤米·迈尔斯！"

住在温德姆的日子里，我们开始看牙医，开始上学，奶奶慢慢死去。这三件痛苦的事情令人难以忘怀，而奶奶之死尤其不同，它给整个世界染上了悲伤的色彩，不光是家人亲朋，连奶牛、母鸡、宠物兔，甚至是臭雪貂都同感悲戚，而看牙医和上学仅仅是属于我一人的悲哀。

看牙医不仅标志着我幼年的结束，也标志着从此进入矛盾丛生、危机四伏的世界，在这个世界里，口中言与笔下字具有特殊的力量。

某天夜里，爸爸以风笛哄我们入睡后，我牙疼得哭醒了。爸爸三步并作两步赶到我的小床前，那床已经过于局促，我的脚都蹬着床尾的竖栏了。"我给你拍拍。"他手很重，一下下拍在我光溜溜的屁股上，我又哭了起来，后来渐渐睡着了。第二天一早，默特尔和布鲁迪免不了又挪揄我："昨晚给胖揍了一顿哈！"我不气不恼地回道："那又怎样，我正好挺冷的，打一下屁股就暖和了。"

爸爸带我去牙医诊所，我脚蹬手抓，拼命挣扎，觉得是末日来临。看我这么不配合，牙医便叫来护士，那女人欺近身来，手拿一块可爱的粉色毛巾。"闻一闻毛巾吧，粉粉的多漂亮啊！"她温柔地劝道，我不疑有诈，探身一闻，立刻昏昏欲睡，这才发觉上了当，可为时已晚。这次受骗的经历刻骨铭心，简直不敢相信，自己就这样轻易地给人卖了。"闻一闻毛巾吧，粉粉的多漂亮啊！"这话里哪看得出暗藏凶兆，却给人家用来引我入套。那意思根本不是"闻一闻毛巾吧，粉粉的多漂亮啊！"而是"我要拔你的牙，就得先让你睡过去"。怎么会这样？一句善意的话怎会如此凶险？

与看牙医不同，奶奶去世、下葬，整个过程中没有愤怒，也没有因之而起的疑惧。此前好一阵子，奶奶一直坐轮椅，人们说她另一条腿也保不住了，得截肢。我记得父亲某天从外面回来，沉痛地对母亲说："孩子他娘，那条腿也保不住了。"

不久后，奶奶便撒手人寰。当时她躺在前屋里，妈妈过来跟默特尔、布鲁迪和我讲："要不要去看一眼奶奶？"他们两个说要，便表情肃穆地去跟死者道别，而我却心里害怕，畏缩不前，以至于后来颇感懊悔，没有见到奶奶的遗容。默特尔从前屋走出来，我在她脸上看到目睹了死者给人造成的冲击。

"奶奶什么样子？"我问她，郁闷地意识到，听人家说可比不上自己亲眼见，自己不敢"看"是懦夫的表现。默特尔耸耸肩，道："没什么，挺正常的，就像睡着了。"那之后很多年，我们一旦发生争执，默特尔就会得意扬扬地说"我见过死了的奶奶"，听到此话，我往往便败下阵来。多年以后在奥马鲁，默特尔自己也躺进了前屋的棺材里，母亲问我："要不要去看看默特尔?"我依旧没有吸取教训，依旧心惊胆战，拒绝去看死人的脸。

有过一两次草率的举动后，我学乖了，懂得可以小施一下骗人的伎俩。某天，我解完大便后仔细观瞧，将一大堆成果跟小妹妹尿布上的东西做个比较，却发现白色的物体在褐色中蠕动。

"妈，"我说，"有白色的小玩意儿在里面动。"妈妈登时脸色大变，吓了我一跳。

"是虫!"她恐惧地大叫道。"孩子生虫了，"那天晚上喝茶时她对爸爸讲，"妮妮肚子里长虫了。"

我感到万分羞臊，下决心以后要守口如瓶。

还有一次，全家外出去野餐，我又重蹈覆辙，没弄清什么该说，什么不该。我自个儿正在围场里玩儿，一只羊走过来盯着我，模样煞是古怪，头歪向一边，一脸若有所思的表情。我兴奋地跑去找爸妈，他们正在喝铁皮锅里煮好的茶。

"有只羊在瞅我。"我汇报道，自认为这事儿非同凡响。可我怎么感觉，他们在拿我"寻开心"。

"它怎么看你来着?"爸爸问道。

"头就那么歪到一边儿。"

"给我们演示一下喽。"

我突然间扭捏起来，大家都瞧着我，我感到他们的揶揄，于是拒绝模仿。接着，也许出于无意识，我居然心血来潮，要大方一次，未曾想这一举动，给了他们在此后数年间调侃我的由头。我说："我只给爸爸看。"我走到他跟前，用手遮着侧脸，模仿了绵羊的表情。此后的整个童年里，爸爸常常对我说，"表演一下绵羊是怎么瞅你的"，其他人听了会咯咯乱笑，而我呢，只得上演"固定节目"。

几个月后我满五岁时，成了温德姆区高等小学的新生，而默特尔和布鲁迪早已在那里就读。自那时起，我的谨小慎微、对外人和家人行为的调侃、对自己行为想法的掩饰，变得一发不可收拾。

六　听呀，听呀，狗儿在叫

上学第一周，有天早上，我偷偷溜进爸妈卧房，拉开梳妆台最上面那个抽屉，里面存放着"从战场带回的硬币"，我毫不客气地抓了一把。然后一转身，直奔爸爸挂在门背后的那条周日才穿的裤子，伸手到口袋里（那衬里又凉又滑），摸出两枚硬币来。就在这时，听到有人来，于是赶忙把钱塞到梳妆台下，匆匆离开。少顷，感觉危险已经解除，便返回取出藏货。上学路上拐进希斯家的小店，打算买几块口香糖。

希斯先生盯着我，一脸严肃。"这是埃及钱，什么都买不了。"他说。

我赶紧撒了一个谎："这个我晓得。"说着便递给他从爸爸口袋里弄来的钱，口里问道："这个能买口香糖吗？"

"这还差不多。"说着便找了我一枚硬币，是那种值1/4便士的铜子儿。到了学校，我就站在学前班教室门口等。那间教室很大，一头有个平台，或者说是舞台，还有一对双扇门，通向一年级教室。我口袋里塞着口香糖，凡有同学要进门，便递上一块"小枕头"模样的糖块。后来上课的时候，身穿蓝色套装的博廷小姐，你知道那种颜色的，跟蓖麻油瓶一个样，她突然停止了讲课，问道："比利·达拉麦尔，你吃什么呢？"

"口香糖，博廷小姐。"

"哪儿来的口香糖？"

"简·弗雷姆给的，博廷小姐。"（在学校大家叫我"简"，在家才叫"妮妮"。）

"迪兹·麦基弗，你的口香糖又是哪儿来的呢？"

"简·弗雷姆给的，老师。"

"那么简·弗雷姆，那你的呢？"

"在希斯先生的店子里买的，博廷小姐。"

"那你哪儿来的钱呢？"

"我父亲给的。"

博廷小姐显然不肯上当，一时间铁了心，要从我嘴里挖出"真相"。她又问了我一遍："钱从哪儿来的？我要听真话。"

我还是那句话，不过把"父亲"换成了"爸爸"。

"你出来。"

我在众目睽睽之下离开座位。

"站到讲台上来。"

我走到讲台上。

"好，现在说说，钱是从哪儿来的。"

我横下一条心，左右就是那句话。

游戏时间到了。班上其他同学都跑出去玩，只剩下我和博廷小姐，拉着脸面面相觑。

"跟我说实话。"她说。

我答道："那钱是爸爸给的啊。"

她让人叫来默特尔和布鲁迪，二人矢口否认，说爸爸哪里给过我钱。

"是他给的，"我还死鸭子嘴硬，"你俩去上学了，他把我叫回去给我的。"

"他才没呢！"

"他给了！"

整个前半晌我都戳在讲台上。同学们接着上阅读课。午饭时间到了，我依旧站在那儿，而且一直站到下午，就是不肯交代。我渐渐害怕起来，那股子倔强开始馁了，就好像我在世上没一个朋友。而且我也知道，默特尔和布鲁迪一回家就会"告状"，弄得我再也不想回家了。我曾发现的那些地方，格莱纳姆那根白桦木，伊登代尔的粮堆顶端，歌与诗中提到的地方，似乎都消失无踪，令我不知何去何从。我一直硬挺到下午过半，挺到日光逐渐暗淡，那背后的一块块暗色透着疲惫，教室里浮动着来处不明的尘埃，博廷小姐的问题一遍遍重复着，惊恐的我发出细微的声音，回答道："我从爸爸口袋里拿的。"

先前我一直在扯谎，多少保护了自己；可事到如今，明摆着已无法自保了。我就是个小偷，现在尽人皆知。想到未来我胆战心惊，哪里还记得博廷小姐是否打了我手板。我知道她当着全班说了这事，很快全校都传遍了：

我是小偷。放学后我在校门口转悠，不知该去哪里，也不知该做什么，瞅见默特尔和布鲁迪像往常一样，无忧无虑地往家走。沿着两边长着鸭茅草的路，我缓缓地向前挪。我不记得何时学会了看书，却记得初级读物中有这样的故事：路边猛地跳出只狐狸，一口就把小孩儿给吞了。这一幕没人瞧见，也没人知道小孩儿的下落；直到有一天，狐狸大摇大摆上街，肚子里发出"放我出去，放我出去"的叫声，碰巧给一位好心人听到，当即要了狐狸的命，一刀划开肚腹，嘿，那孩子全须全尾，毫发无损地蹦了出来。好心人带他住进森林小屋，那屋子是椰子冰做的，还有甘草做的烟囱……

到头来我还是挪回了家。默特尔斜倚在大门口儿，不咸不淡地说："爸爸知道了。"我朝屋子走去，前门开着，爸爸手里攥着皮带，在等我。他黑着脸说："到卧室去。"像往常一样，他"痛打"了我一顿，不过并不狠，换了是有些家长，下手要重得多。只不过他气坏了，骂得我狗血淋头，他的孩子怎么会去偷。小偷，小偷。这下可好，无论在家在校，人家都叫我小偷。

我偷拿了四便士、一把埃及币和一个铜子儿。此后不久，又发生了一件令我记忆深刻的事，即便在当时我都明白，就人情世故，它给我好好地上了一课。

校长千金玛格丽特·库什要过生日。父亲贵为校长，女儿的地位自不待言。博廷小姐依旧穿着蓖麻油瓶子颜色的套装，让我不禁想到大青蝇。她当众宣布，今天是玛格丽特的生日，然后请她站到讲台中央，听我们献上"生日快乐"歌。

歌声一停，她便递给玛格丽特一个信封。"这是令尊的礼物，打开吧，玛格丽特。"

玛格丽特双颊绯红，无比骄傲地打开信封，抽出一张纸，举起来展示给众人。她惊喜地嚷道："是一英镑！"

全班回应道："一英镑！"

"大家说，玛格丽特是不是很幸运啊，爸爸的生日礼物居然是一英镑？"博廷小姐似乎跟玛格丽特一样，既兴奋又开心，后者晃着那张纸币回到座位上，全班人紧盯着她，眼中流溢着敬畏、嫉妒和羡慕。

这突如其来的情形把我弄蒙了，财富怎会有如此巨大的差异。我很怀疑，面对当时的情形，我还能保持清醒的思维。有的只是错乱的感觉：为什么从战场带回来的、显然给当作宝贝的钱，却什么都买不了？为何四便士在人人眼里都是一大笔财产，而我是偷了这财产的贼，而有的人，尤其是爸爸，会给自己女儿几英镑作生日礼物，好像跟四便士比，英镑既更值钱又更不值钱？令我不解的还有博廷小姐，她为何硬要我在讲台上站一天，等我坦白交代。

我当时的处境是：既是个小学生，也是众所周知的贼。这隐隐让我察觉到，这世界既不公平，也不公正。碰巧这时，外面的世界，甚至就连温德姆的渡船街，整个气氛都发生了变化。渡船街多了些晃来晃去的流浪汉，上门讨饭的人也多起来，他们在我脑中与一首童谣弄混了：

听呀，听呀，狗儿在叫，

叫花子们往城里跑。

破衣烂衫背着袋，

有些穿着丝绒袍。

每听到这歌谣，我便惴惴不安，思忖着乞丐和流浪者的命运，他们大多给当作贼。夜晚来临，烛火与灯光亮起，透过窗，我凝视黑沉沉的渡船街，只有守夜人推着粪车往来忙碌，间或打破这夜的宁静。我想到破衣烂衫、背着袋子、穿着天鹅绒"牲口服"的乞丐和流浪者，狂吠的狗儿追着他们的脚后跟。同样给我留下深刻记忆的，是周日一家人围坐在厨房大桌边，一边研读红色字母版圣经，一边听妈妈讲故事。她说，有时呢，门口会来个穷人讨饭，有的人家不给吃的也就罢了，还放狗去"咬"，可你猜怎么着，那人摇身一变，竟是个天使，更厉害的，居然是耶稣本尊。母亲告诫我们，但凡看到古怪蹊跷的人，千万别取笑人家，保不准是披着伪装的天使呢。这谁说得准，世上到处都是披着伪装的人，看着是乞丐、流浪汉，可骨子里是不是个天使，只有上帝才知道，可即便就是个讨饭的，上帝也是爱他的，才不管他多穷多怪呢。

尽管如此，随着越来越多的流浪者途经温德姆，人们议论的口吻里也充满了害怕与惊惧。于是乎，一种末日感、孤独感弥漫开来，似乎有什么正在或即将发生，不光会落在温德姆渡船街弗雷姆一家人的头上，也会落在那条街、街坊邻居以及其他城镇的头上。然而，我一如既往地缺乏想象力，想不通为何歌谣里说有乞丐穿着

"丝绒袍"，因为我听说，国王和王后才配穿天鹅绒。而且，就个人经验而言，围场里的牲口才穿天鹅绒。若是这样，乞丐和流浪汉该不是掖着藏着什么财富吧？

妈妈什么都知道，这次也不例外。乞丐和流浪汉是王国的财富。"王国？""对啊，妮妮，是主的王国。"

也许是老天开眼，我们这个铁路工人家庭又要调动了，这次是从温德姆搬去奥塔戈北边的奥马鲁，至少对我来说，这是值得庆幸的，在那里，没人知道我曾是小偷。

七　奥马鲁伊甸园街五十六号

我依然记得那漫长的火车旅行，一场充满陌生感的梦，到处都是陌生的风景。列车飞速越过无数座铁路桥，掠过长满亚麻的沼泽，黑色鸟喙般的亚麻花蕾耸立着，掠过一丛丛杨柳，经过一个个城镇：克林顿、凯坦加塔、米尔顿、巴尔克卢萨，每个名字都回荡着火车的节奏与声音，每个小镇的屋舍都以铁路色的火车站为中心而建。我确乎可以相信，这世界属于我爸爸这位铁路人，是他掌管着这世界，通过其漫长的铁路线，指导它运作。

我晕火车，晕得特厉害，昏昏沉沉地睡，时而清醒，时而糊涂。在晕晕乎乎的睡梦中，列车改变方向，从南地朝海滨飞驰，我觉得这是要回温德姆了。在余下的旅程中，我无法确定"正确"的方向，一旦想弄明白身处东南西北哪个方位，一阵眩晕便猛地袭来。我盖了件外套，躺在车厢里双人座位上，听车轮滑过铁轨，听乘务员宣布即将到站以及站名，听道口铃声叮当作响：叮叮，克林顿—克林顿，因奇克卢萨，巴尔克卢萨，凯坦加塔—凯坦加塔。我们已离开数英里，"凯坦加塔"之声却依旧紧随，回荡在耳际。克林顿—克林顿。列车跨越汹涌的河流，驶过一座座木桥，哗哒作响；风景越发荒凉，益发频繁地占据视野的，是沼泽、亚麻、灯芯草、垂柳这些水的至亲。

列车到达怀霍拉湖。有人讲，这湖极深，深不可测，直达地心；我向窗外望去，耳边响起妈妈不可磨灭的声音，充满了神秘和惊异："怀霍拉湖，小家伙们，是怀霍拉湖。"

我们抵达卡弗舍姆[1]，这地方让我突然想到前不久的事，因为虽然汉伯母（我误以为她叫"火腿"伯母[2]）与面包师鲍勃伯父就住这儿，可对我来说，它的主要标志是那所工读学校。当初我给人"发现"是小偷时，家人就提到过那所学校。"会送你去卡弗舍姆的工读学校的。"默特尔不服管的时候，爸爸也特别喜欢用这话威胁她。坐在火车上，我看不到那间学校，也不知道它究竟是个什么，可脑海中却浮现出一所学校，蒙着褐色灰尘，惩罚就该是那种颜色吧。

抵达奥马鲁的第一夜，全家人住在米玛伯母（我们误以为她叫"矿工"婶婶[3]）和的士司机阿列克斯伯父家，

· · · · · · · ·

1 达尼丁市西南郊区。
2 Aunty Han 与 Aunty Ham 读音近似，容易混淆。
3 Aunty Mima 与 Aunty Miner 读音只是略微近似，但孩子还是容易混淆。

就在南山的码头街。第二天一早，我们出发，赶去即将住上十四年的地方：奥马鲁伊甸园街五十六号。

眼前是一条长街，两侧排列着一栋栋住房，我们的家被左右及对面高大的房子包围着。见此情形，母亲心下着慌，山崩地裂般地疾言道："我们可从来没给别家房子围过啊。"仿佛这是个国家级甚至世界级灾难，同时也令我们意识到奥马鲁犯下的暴行，居然用房舍、居民和街道取代了我们熟悉的空旷原野，取代了南地天空下熠熠闪光的南极冰，取代了牛羊围场、黑沉沉的沼泽、褐色的河流，在那里，白日与暗夜触手可及，青草与草间昆虫皆能低语，且清晰可闻。

离开温德姆前，我们依依不舍地与奶牛"美丽"和"三色堇"告别，送她们去了牲口交易场。爸爸"放弃"了那辆福特T型车。大萧条来临了。

我们就要做真正的城里人了，会用上电灯，用上拉绳冲水的厕所，而不是单单一个茅坑。还别说，第一次冲水时，我们还真给吓了一跳。房间灯光亮起，照若白昼，笼罩家具的巨大暗影瞬间给剥去，眼前的一切显得粗粝，毫无遮拦。我们会跟城里人一样，牛奶一早便送到门口，爸爸会骑车去上班。面对如此巨变，我们小孩子先是有些懵，可从旅途疲劳中缓过劲后，便兴奋得难以自抑，快看啊，这房子，这地，还有屋后那座小山，长满了人工松林，那是镇子的后备资源，意料之中与我们家隔了一片"公牛围场"；围场上，一条水库下来的小溪淙淙流过。街道是新的，街名是新的，树木是新的，人也是新的。还有那片海。还有那所新学校。

就在我们的生活经历巨变的几个月后，内皮尔发生了大地震，这巧合颇具戏剧性。妈妈站在簇新的餐厅窗口，跟前摆着架银色镶边、棕色漆面的辛格牌缝纫机（看谁敢碰！），借着透出的灯光，绘声绘色地报道这场地震，经她描述，那灾难便活脱脱呈现在我们眼前。餐厅位于屋子正中，有一扇长方形大框格窗，装有沉重的滑轮和拉绳，我们小孩子喜欢攀上去，爬进爬出的，没用多久，拉绳就断掉了。家里唯一的电灯就在餐室里。母亲养成了习惯，每逢家里遇到大事便站在窗边，将自己的情绪亮堂堂地展示给家人，就像展示战利品。餐厅里摆着国王沙发和国王座椅，另有一两件在温德姆拍卖行买下的物件。只在特殊情况下，餐厅才会启用，比如有客来访，比如圣诞大餐，比如迎接新年午夜后第一位访客[1]，再比如宣布家国天下之大事。

屋后紧靠餐厅的是厨房，里面立着煤炉和煤箱，箱子就摆在火边，权当凳子用。厨房再过去是后卧室，墙上贴着粉色小玫瑰图案的壁纸，爷爷睡那儿，如今他跟我们住。厨房另有一个门，通向带洗碗槽（以及其下的蟑螂）的洗碗间。出了洗碗间，下五六级木台阶，就到了后院，右边是洗衣房，窗户是破的，内有煮衣用的大铜锅及炉灶，还有几个洗衣盆。洗衣间的一头，靠近储煤间，就是我家的厕所。洗衣间没电灯，所以里面有个木架子放蜡烛，厕所门对着蜘蛛出没的"房子下面"，里

· · · · · · · ·

1　first-footing：按照英格兰北部及苏格兰习俗，新年午夜十二点过后，家中的第一位客人，称作 first foot 或 first footer。此习俗如今依然流行。

面黑乎乎的。

餐厅另一扇门通向前走廊。走廊一头是洗澡间，另一头是前门。洗澡间里有个货真价实的浴缸，还可以洗淋浴，只要拧开水龙头，冷水热水尽有。走廊通向三间卧室，一间离洗澡间最近，里面有张带黄铜床头的宽大双人床，我跟默特尔、伊莎贝尔、琼就睡那儿；最靠前门的那间是布鲁迪的；餐厅门正对的那间卧室是爸妈的，放着另一张双人床，此外还有那张梳妆台以及带镜子的衣柜。

来到屋后，可以看见"房子下面"的另一个入口。爸妈说那叫地下室，下雨时我们就在那里玩，到"房子下面"探索一番。后院有不少果木：一棵既结冬梨也结蜜梨的梨树，一棵爱尔兰桃树，一棵结烹饪果实的青苹果树，一棵杏树，还有鹅莓和黑醋栗，邻家的李子树也来凑趣，枝条探进我家院落来。房前，草坪挨着花园，草坪的一角是一架玫瑰花拱门，就掩在高大的非洲荆棘篱墙后。花园近爸妈卧室一侧，挨着大果柏木篱笆，有一座凉亭，将我们与隔壁的麦克默特里家隔开。覆满奶油色木香花（我们叫它班克什玫瑰）的凉亭，后来给我们当作剧场，常在那儿演出。前院另一侧植的是冬青树篱，而后院将我们跟公牛围场隔开的，是非洲荆棘树篱。

在奥马鲁伊甸园街五十六号刚安顿好，我们这些孩子便迫不及待，到处攀上爬下，红铁皮屋顶的每一寸都没放过，屋底下一堆堆物什间的空隙都一一探索。我们发现了很多同居者：各类昆虫，比如蜜蜂、壁蜂、夜蜂、蝴蝶、大飞蛾、蜘蛛、红蜘蛛、毛蜘蛛、地把门儿蜘蛛；

各种鸟类，比如一群群金翅雀、蜡眼鸟、乌鸫、麻雀和椋鸟。在房屋下我们发现一具猫的骸骨，在公牛围场高高的草丛中，发现了绵羊和牛的遗骸。围场早已没有公牛的踪迹，只偶尔有群年轻的骟牛风一样掠过。无论是树篱、树木还是凉亭，但有可攀爬之处，都逃不过我们的眼睛。新鲜经历像财富般累积着，很快，左邻右舍，乃至街对面，都纳入我们探索的范围，还有公牛围场那边的小山以及山上的座座洞穴、化石贝壳、之字形沟壑里的本地植物、山顶贴着"奥马鲁美化协会捐赠"铭牌的座位；还有一座座松树种植园，人们称之为"园子"，你遇到的第一座看似无害，一眼便可看到林子尽头的日光；第二座便令你胆寒，树木密密匝匝，刚穿过一半，便自觉陷入棕色松针织就的黑暗中，心知断无回头的可能；第三座"园子"不大，阳光通透；到了第四座，循着年纪尚幼的桉树走进松林，一路下山，便去到格兰街峡谷的尽头。离那儿不远有一座"果园"，孤立在那里，周围没有人家，我们觉得它是无主的，因此，依照"谁找到归谁"的老规矩，它便是我们的了。

没用多久，我们也把那条小溪摸了个清楚，其水流大小是依水库蓄水情况而变的。我们识得了岸边的植物，也熟悉了溪中的物什：岩石、钝鼻小鱼、鳗鱼以及淹杀猫用的、装了石头的麻袋。麻袋在水下日久了，已经腐烂，一缕一缕地飘动着。我们一大早出发，去获取新体验，下午回来分享，父母手头的事儿忙都忙不完，也不太管我们。现在想想，他们的事儿怎么讲都是"苦差"：遭遇各种陷阱或圈套，拼斗，挣扎，时不时拼命劳作，疲惫不堪；而我们对此却一无所知。爸爸上班，一天忙到晚，有时上夜班，天亮才回家睡觉；我们这些铁路上的孩子则消失在松树"园子"里，或是沿着格兰街峡谷去我们的果园，有时在凉亭周围蹑手蹑脚地玩耍，"嘘，老爸在睡觉……"

除了琼（大家叫她小鸡），我们都在奥马鲁北区学校上学，我读一年级，班主任是卡萝小姐。这位老师我不大想得起，只记得有次我说小话，给她打了手板；再就是她的脸，那弧度几乎包不住牙，似乎即使闭上嘴，牙齿也突出在外，随时会飞出来。记忆中，我更在乎的是上下学那两趟，一路走去，一条条街道，一栋栋房舍，一个个花园，行道树繁花盛开，时不时会遇到动物。我正在熟悉这镇子，它的布局让我激动，镇上的钟每一刻便鸣响一次，上学路上，站在里德街和伊甸园街的交会处，就在亨特家红色波纹铁皮篱笆旁，便能瞧见那座钟塔。每天早上，近九点钟光景，我们就在那儿抬头看时间，估摸着会不会迟到，也会再看看另一个参照物，那个矮小的瘸女人，她那条短腿穿着一只厚重的黑靴子，每天早上八点五十整，必会走过那个街角。我们叫她迟到女士，因为只要看到她，就意味着若不想迟到，就得赶紧朝学校跑。不过，通常情况下，早上上学，下午放学，我们都不慌不忙的，只有中午回家吃饭才发足狂奔，大约是因为午饭时间短，而且即便到了伊甸园街口，离家还有老长一段路。那时我已满七岁，接受这样的日常毫无问题，奥马鲁北区学校的一切规矩我都能接受。每天我都跑回家吃中饭，途中只在街角费瑟太太的店子稍做停留，去取新鲜出炉的三明治，小心翼翼地咬掉凸出来的菜肉。伊甸园街的大男孩儿们比我跑得快，家也比我远，他们身子倾斜着旋风般掠过亨特家的拐角，掠过我身边时，有一个还不忘在我耳边低语道："我追你啊!"我很快就知道了，但凡听到这种话，你得表现得既害怕又自豪，而且要带着一丝"夸耀"的口吻跟人讲："有个大男孩儿在追我。"

生活在奥马鲁，新体验纷至沓来，这真是一场绝妙的冒险。此时我清晰地意识到，自己是一个人，生活在这世界里，能感觉到与其他生灵的亲近；周围的声色令我满心喜悦，想到可以尽情玩耍便目眩神迷，而玩耍似乎从未停歇，放学后便玩啊玩啊，直到夜色深沉。即便如此，上床后依旧有游戏可玩，有需要做动作的游戏，譬如"推推车"和"配配对"，每人蜷曲身体，紧贴另一人，听到命令，便同时转动；也有动脑筋的游戏，要靠猜和想象，去解释卧室窗帘上各种颜色与形状组合；还有密码游戏，就是将有字的纸条藏在黄铜床头的圆球里。我们吵嘴，我们打闹，我们憧憬未来，我们做着白日梦，梦想长大后成为舞蹈家、小提琴家、钢琴家和艺术家。

那年我发现了 Island（岛屿）一词，尽管老师一再纠正，我依旧固执地读作"Is-land"[1]。有一次，学校默读课上，我们选了惠特科姆学生读本中的一本，就是那种浅棕色小册子，封面上有粗糙的图画，书页上有泛黄

----

1 Island 一词中，"s"是不发音的，而弗雷姆坚持要将其发出来，虽然是个错误，却带有象征意义：一方面，"is"（是）代表了现实，比喻作者逐渐脱离了儿时虚幻的梦想，进入现实领域；另一方面，作者坚持字面发音，表明她的个性，即对事实的执着，但这种执着也是她一生痛苦遭际及成就的原因。

的斑点。在书中，我读到一个冒险故事，叫作《到海岛去》，精彩极了，回家后对它赞不绝口。

"我读了个故事，叫作《到实岛去》，讲的是几个孩子到一个'实岛'去。"

"是'海岛'。"默特尔纠正道。

"不是的，"我说，"就叫'实岛'，是这样，"我把这个词拼出来，"I-s-l-a-n-d，实岛。"

"'s'是不发音的，就像knee中的'k'。"默特尔说。

末了，我极不情愿地服了输，可心底里依旧认为，就该读成"Is-land"。

打那儿开始，我一本接一本地阅读"冒险"故事，明白了若想冒险，不必要坐上那辆卖掉了的福特车，驶向海滩与河流，一路上给颠得晕晕乎乎，我完全可以通过读书，去体验冒险的乐趣。像往常一样，我急于分享这个发现，于是跟家人大谈我崭新的冒险方式，不过转眼间便为自己的轻率感到后悔，因为每见我弓身坐在煤箱上埋头读书，爸妈便会煞有介事地问："还没开始冒险吗？"令我好不尴尬。

我本就痴迷于冒险，单纯地痴迷于虎口脱险、绝境救援、失而复得、战胜灾难。加上老师再三要求，要我们以《我的冒险》为题作文，便益发深陷其中，难以自拔。此前怎么都没想到，我竟然可以编造一次冒险经历，就像编一个故事。其他孩子的作文给当众朗读，写的是去遥远的市镇、博物馆、动物园，而我显然不曾有类似冒险，只能在旁哀叹。我的冒险大多是穿过公牛围场，那里公牛杳无踪迹，唯有零星几头骟牛；接下来，摸索着穿越第二个"园子",进入荫翳的密林深处时,心猛地狂跳起来,绿色世界为黑暗所吞没,为地下厚厚的松针所吞没,松针下几英尺的地方,是废弃的兔穴入口;然而我耻于讲述自己的冒险,它跟班上其他人的迥然不同,人家的故事始终围绕着逃跑、骨折、脱缰烈马展开……

我的阅读面比较窄,除了教科书和校园杂志外,就是新一期的漫画报[1],有时家人允许我们去亚当斯先生那里买,比如《我的最爱》《彩虹》《老虎蒂姆》《小鸡自己的》等。我和默特尔最喜欢看《我的最爱》和《彩虹》,前者字号小,所以故事多。布鲁迪钟爱《老虎蒂姆》,点点和小鸡喜欢《小鸡自己的》。《我的最爱》中有个精彩的故事,叫作《马戏团的特里和翠西》,它点燃了我们的理想,立志要成为空中飞人,更别说《秋千上勇敢的年轻人》那首歌当时正红得发紫。

校园杂志主要在为大英帝国唱赞歌,以文章和图片介绍皇室,尤其是两位小公主,伊丽莎白和玛格丽特·罗斯。有篇文章描绘了她们真人般大小的洋娃娃住的别墅,附有多幅照片。该杂志重在述实,文笔无华,对英帝国、国王、总督、加利波利之战中的澳新联军、南极探险家罗伯特·福尔肯·斯科特大加颂扬;然而,它刊载的诗歌却别有洞天,充满神秘与惊奇,编辑的最爱是沃尔特·德拉梅尔[2]、约翰·德林克沃特[3]、克里斯蒂

· · · · · · · · ·

1　*Comic Cuts* 是英国最早的一份漫画报刊,此处指的是各类漫画报刊。

2　Walter de la Mare(1873—1956):英国诗人、小说家。

3　John Drinkwater(1882—1937):英国诗人、剧作家。

娜·罗塞蒂，接下来，为了给杂志增添些欢快气氛，又
选了阿尔弗雷德·诺伊斯[1]和约翰·梅斯菲尔德[2]的诗作。
有首题为《梅格·梅瑞里斯》[3]的诗，令我一见倾心，读
过之后，那些也许是天使假扮的惨遭厄运的弃儿，如吉
卜赛人、乞丐、强盗、流浪汉、奴隶、窃贼，常常光顾
我的梦境，成为心目中外部世界的一部分。我把这首诗
牢记于心，"梅格是个吉卜赛老妇……"而且，为了分享
这一发现，把它背诵给家人听，其结果再次是，家人催
促我一遍遍重复，我也如其所愿，可每次背到"她只要
紧紧地盯着月亮／就可以不吃晚饭"[4]时，大家都会笑出
声来，显然是给我那副认真样儿逗乐了；不过另有一种
可能：我是个出了名的"大胃王"，"涂了金色糖浆的面
包"向来是一片接一片，哪里会有死盯着月亮不享受晚
餐的时候。

　　每次想到老梅格，我便感到，词语如此这般带着忧
伤潜入诗行，一如它们潜入歌曲，咏唱格拉斯哥，咏唱
纽约的人行道，咏唱都柏林的街巷，"都柏林这美丽的
城"。[5]我依照玛·斯帕克斯的样子想象老梅格，觉得她
们或许是同一人。人家都说斯帕克斯是吉卜赛人，她常

· · · · · · · ·

1　Alfred Noyes（1880—1958）：英国作家及演员。
2　John Masefield（1878—1967）：英国诗人、小说家及剧作家，1930 年获封
"桂冠诗人"。夏济安先生曾盛赞其文笔。
3　济慈的民谣式诗作，描写一位吉卜赛孤老太的生活。
4　这两行及其所在诗节为"No breakfast had she many a morn, / No dinner
many a noon,/And 'stead of supper she would stare/Full hard against the moon."
5　爱尔兰民歌《莫莉·马隆》的第一句。歌中唱道："In Dublin's fairy city,
where the girls are so pretty, I first set my eyes on sweet Molly Malone."

常蹲在格兰街她家门前小道的最顶头，死盯着下方的街道以及街对过儿那个违章的小垃圾堆，不时抬眼望向公牛围场，目光扫过小山上空，看到暮色中，格兰街几家的鸽子绕着山，绕着松树园，绕着小镇飞翔，掠过我家屋子时，翅膀呼呼作响。

玛抽烟斗。有人说她不穿裤子，你若不信，就去格兰街走一趟，到她蹲着的地方，抬头瞧瞧便见分晓。

除"冒险"一词外，我们的学习和书面表达中，其他词汇也开始频繁出现。虽然我不觉得它们很吸引人，但用起来时，也能有惊人的效果。我记得学会了拼写和运用"决定"（decide）、"目的地"（destination）和"观察"（observation）这三个与"冒险"关系甚近的词。它们的意思令我着迷，似乎只要编故事，就不可或缺：每个人都得做"决定"吧，都得有个"目的地"，而且要确定和描述目的地，要知道如何应对一路上会冒的"险"，总得要去"观察"吧？也许是因为家里亲戚不断来去，我们自己也时常搬家，对移动和变化我异常敏感。当我发现，若想创造或者观察冒险经历，对移动的敏感必不可少时，简直高兴得要跳起来。我们班老师每堂课一上来，便要我们学习观察，养成上下学路上"观察"的习惯，而正是这上下学的两趟，再一次给了我丰富的实践指导。上下学的路有几种选择，可由我自己决定，我也的确学会了不时更换。通常，我会走伊甸园街，拐过亨特家的街角，经过凯恩家的阿尔萨斯犬，进入里德街，沿着这条樱花缤纷的街道，一直走到北区学校。里德街是"医生"街，我们的家庭医生欧贝尔就住在离街角不远的一栋二层住宅里。他是个老头子，总爱开玩笑逗我们，吓得我们不轻。沿街走下去，就是史密斯－莫顿家，占了整整一个街区，外加一个起了围墙的大花园，颇像白金汉宫。再有就是菲兹杰拉德家，整整好几栋复式住宅。医生家的小姐们名字不一般，都叫阿黛尔、杰拉尔丁什么的，也不上我们那间学校，而是上北岛（实岛）一座城市的寄宿学校。她们也有娃娃屋，还有小马，是设得兰小马，而且她们"学"东西，譬如舞蹈、音乐、演说。（"学"东西可是我们想都不敢想的。）

我还可以换条路，走艾尔恩街。这条狭窄的土路终年荫翳，一侧是高高的黏土堤，令人望而生畏，有水常年自堤上流下，淌过路面。那一大片黄色黏土就那样倚着山，不像是土，倒像是怪物，没有形状，令人浮想联翩。我常常呆立着抬头看它，既感到兴味盎然，又感到恐慌惊惧。有一天，我正站在艾尔恩街上呆看着，一个女人打旁边经过，冲我说："嗨，小姑娘，给你两先令，拿着。"我接过钱，心中大感莫名。那天我没去上学，而是转身回到费瑟太太的小店，买了一先令的酸酸糖、一先令的咳嗽糖（一种含有氯仿、缓解咳嗽的硬糖，虽然我当时对此一无所知），然后含着咳嗽糖在街上逛来逛去，放学时间到了才回到家，一头栽倒，昏睡了十八个小时，醒来时恶心得很厉害。妈妈问我："你这是怎么了?"我答道："有位太太给了我两先令。"

有时候我乍着胆子，从伊甸园街这头走到那头，经过街角处的耶稣堂时，瞅见路边立着"每周布道沉思录"，便逐字逐句地阅读其上关于牧羊人、羊群和罪人的缩减版道德小故事，且每每信以为真。若是偏离了正道，我便会走到弗雷泽火腿厂跟前。沿着伊甸园街一路走下去，总会穿过马路，到街对面的德沃－麦肯齐汽修厂（这名字令我想到朱厄尔·麦肯齐[1]），闻闻汽油味儿，问他们有没有免费的吸墨纸，因为人家都说他们屯了些免费的，不是有句野火般散布的话嘛，"朱厄尔·麦肯齐家有免费的吸墨纸"。

若是选了亨伯街（我以为它叫"谦逊"街），便会沿着铁路线、机车和货棚朝前走，在另一个令人恐惧的地方停下来，那是栋老旧石屋，倚着间废弃的店铺。石屋很普通，花园野草繁茂，蒲公英、酸模草、野雏菊欣欣向荣，奥马鲁式矮石墙中间有扇大门，其后，一条悠长小径通向屋子前门。听人说，住这里的是伊冯娜·贝克尔。房如其人：她身材矮小、皮肤潮润、头发纤直，似乎她也生活在街道潮湿的一侧，像那栋房子一样变得冰冷潮湿。那里从无生命迹象，黑洞洞的窗口没挂窗帘，然而，那石屋就像是艾尔恩街的黏土堤，块块石头，片片青苔，赋予了它生命感，它是我最钟爱的"观察"与冒险。

还有一条路线，就是走泰晤士街。在我们家，每每谈到声与光，它便成为参考点。爸爸会说："声音小点儿，泰晤士街上都听得见你说话。"或者"你觉得我们是谁啊，家里的灯全亮着，泰晤士街上都看得见。"在泰晤士街上，我最常光顾的，是那家挂着"高级糖果"

. . . .

1　应该是一家卖文具的店子。

（High Class Confectionary）招牌的糖果店，那招牌给我看成了"高玻璃糖果"（High Glass Confectionary）。店主是毕小姐和她妹妹，另一位毕小姐。她们的名字，她们的身世，"高玻璃"的意思，还有那块招牌的样子，都令我迷惑不解！

八　死亡与一场疾病

　　时间本是条水平的线或路，人跟随它，穿越它。可那一年，时间突然间竖直起来，变成通天的长梯，人得向上攀爬，一级紧接一级，一事紧连一事。那年，我尚未满八岁，时值大萧条最严酷的时期，开始与结束、收获与损失成为日常，有太多的苦难无处抱怨。说"都怪你"于事无补，说这事或那人"窃夺"，也于事无补，因为全世界都在水深火热中。甚至都不该埋怨上帝，因为妈妈坚信主是仁慈的，虽说凡事皆有目的，但主的所作所为是爱世人，而非伤害他们。

　　爷爷同我们住。他年纪大了，瘦骨嶙峋的，穿条肥大的裤子，屁股处磨得发亮，他就睡在后屋里。他的头像鸟的脑袋，歪斜在脖子上，戴一副细金边眼镜，不戴时收在一个深蓝色眼镜盒里，其蓝色天鹅绒内衬又厚又软，每次看到它，我心里都充满了哀伤：它的颜色没有边际，像那深邃的夜空；它像一段时间来我反复自问的问题："为什么会有这个世界，为什么会有这个世界？"为了寻找答案，每每弄得自己头晕眼花，而它立刻便令人想到这世界不存在，令人感到一种永恒的深邃，从中你必须挣扎而出。

某种意义上，对我而言，爷爷的眼镜盒、它开关时的啪嗒声以及他离世后将它留下这件事，共同构成了爷爷这个人以及他同我们曾有的生活。那时，我的小妹妹琼（小鸡）还未上学，爷爷就成了她特殊的朋友。她是爷爷的米老鼠，爷爷的易蒂－米蒂（Itey-mitie）[1]，她真是个娇小的孩子。

爷爷并未生病，也算不得很老；然而一天夜里，他在睡梦中离开了人世，大概是太累的缘故吧。他给成殓起来，停在堂屋里，临街的百叶窗放下来，好让外人知道，这家有人过世，当地风俗如此：看到拉下的百叶窗，便知道这家有丧事；看到烟囱升起袅袅炊烟，便知主人业已归来。

葬礼那天，邻居弗莱茨一家负责照顾我们这些孩子，做煎蛋给我们吃，教我们怎样用粗木针打毛线。透过他家的冬青树篱，我们窥见自家进行着的葬礼，亲戚们穿戴讲究，说起话来派头十足，弄得那里不像是我们的家。一群姑姑还在大谈上中部和米德尔马奇（洛蒂的米德尔马奇）以及因奇克卢萨；叔叔伯伯们面带腼腆，那是弗雷姆家的典型表情，嘴唇抿成一个特别的样子，似乎在说："一切都会很完美，为什么不呢？"星期天，我们所有人都去了南山墓园，在爷爷墓前献上花束。我惊奇地发现，奶奶居然就葬在他边上，她可是在温德

. . . .

1　这是爷爷起的昵称，没有什么含义。

54

姆过世的啊！我的脑海中浮现出这样的画面：奶奶同我们一样，在温德姆乘上列车，展开曲折的旅程，越过一条条河流、一片片沼泽，掠过铁路色的小小火车站，途经怀霍拉湖、有间工读学校的卡弗舍姆、达尼丁、有间疯人院的锡克利夫，再驶过遍布礁湖和黑天鹅的汉普登，最终到达奥马鲁的南山。旅途上，奶奶身着黑色裙装，散发着特有的气息，哼唱着"带我回弗吉尼亚的往昔……"以及一首摇篮曲，"山谷那边的舒·夏琪，娘的宠儿爹爹的小母鸡……"[1]

我们将鲜花插进果酱罐子，摆放在爷爷奶奶墓前，好奇地看着高高的墓碑上弗雷姆家族逝者的名单。有一人跟我同名：珍妮特·弗雷姆，过世时年仅十三个月。

很快，后屋不再是爷爷的卧室，变成了布鲁迪的房间。这间房没挂窗帘，它既不对着别人家，也不临街，极目远眺，只见小山和园子，切近处是后花园和一片葱绿的草地，那里的水龙头关不紧，常常漏水，再过去是一丛酸模，秋天时红叶似火，绿色的果实也出落得红彤彤的，我们摘了那果实来佯作烹茶，"太太，一定要尝尝酸模茶……"

爷爷的死跟奶奶的不同，似乎与我们小孩子没关系。这件事属于大人，他们得穿着得体地去尽义务，谈论米德尔马奇和上中部，谈论"洛蒂与乔治住在乌特勒姆区的那段日子"，然后把爷爷下葬，我们则远远观察，

· · · · · · · ·

1 这是一首苏格兰传统童谣，生于 20 世纪 20 年代的人都很熟悉，有很多版本，本书的是 "Shoo Shaggy o'er the glen, Mama's pet and Daddy's hen"。

试图分辨谎言与真实。默特尔说爷爷给钉死了，这样他便逃不了。可他已经死了，又怎能逃呢？她说，可以变成鬼逃啊！可这世上哪里来的鬼？谁说没有鬼？《圣经》上说的。（我们渐渐学会尊重规则制定者的威信。"《圣经》上说的"足够有说服力，其次，"爸爸说的"比"妈妈说的"更有说服力。）

爷爷去世后不久，一天夜里，家里突然一阵骚乱，我们都给惊醒了，只听妈妈大嚷道："布鲁迪抽风了，布鲁迪抽风了！"我跟其他人一道儿奔进餐室，一屁股跌进国王沙发里，瞪大眼睛看，竖起耳朵听，爸妈则来来去去，往返于布鲁迪的房间和浴室。"抽风了，抽风了！"妈妈山呼海啸的声音不绝于耳。她跑回卧室，取下藏在衣柜顶上的医书（他们以为藏得很好），查找"痉挛"，跟同样惊恐不安的父亲紧张地讨论着。

与此同时，布鲁迪缓了过来，啜泣着。妈妈嚷道："洗澡，快把他放浴缸里。"爸爸抱起布鲁迪奔进浴室。我们四个女孩子给打发回房间，彼此紧紧依偎着，惊恐地低语着，在奥马鲁的寒夜中瑟瑟发抖。第二天一早醒来时，因为没睡好，我的眼睛有些刺痛，一想到昨夜布鲁迪身上发生了很糟糕的事情，心里便沉甸甸的。

我们的生活陡然间彻底改变了。医生说，我们的兄弟得了癫痫，于是开了大剂量的溴化钾。那会儿正是布鲁迪频繁发作（大家都用"阵发"这个词）的时候，服用溴化钾更是雪上加霜，令他益发迷乱恐惧，以至于每天在家里都数次暴怒，攻击我们，抓到什么就扔什么。以前，家里地方虽然逼仄，总还能找到一个"清静的地方";如今,这样的地方似乎已不存在。我们的家布满阴云,大家感到难以置信,感到不真实,而这阴云带来的刺人的雨,其成分是真实的泪。布鲁迪不断吃药,不断发作,整个人懵懵怔怔,要么半睡半醒,要么发作过后大声哭叫,再就是糊涂时陷入狂怒,没人能理解,也没人能帮忙。他依旧去学校,有些大男孩儿开始欺负他,而我们女孩子,或许因为同样害怕,也开始躲着他,虽然我们知道,无论在校还是在家,若是他发病的话,我们该怎么做,但是那种恐惧我们谁也受不了。医生建议送布鲁迪进精神病院,可妈妈说什么都不肯,一心扑在他身上,我们呢,只能自己管自己,偶尔老爸会照顾我们,比如早上帮我梳开纠结的卷发,督导我们清扫房间。他反复强调墙裙一定得扫干净,这倒给了我一个新鲜有趣的词汇:"墙裙"。那段日子,我从约翰·德林克沃特的诗《月光下的苹果》中学会另一个词儿,叫作"护壁板":"护壁板里的小老鼠,挠啊挠,挠啊挠。"

有家人得此疾病,整个家庭最初难免经历恐慌与混乱,然而,一旦得知此病无可治愈,接下来便是一段时间的平静与压抑,也许云中落下的雨已经渗入了我们的骨头。布鲁迪辍学了。妈妈现在从早到晚地照顾他。那些日子里,但凡有人关注我,必会看到一个内心极度纠结焦虑的孩子,独自一人站在学校操场上,日复一日穿着姐姐的旧格子裙,因为天天穿没得换,那裙子差不多已经是硬邦邦的了。这小姑娘一头卷发,一脸雀斑,女校医挑了她和一些公认"又脏又穷"的孩子,带去教师办公室边上一间逼仄的屋里做特殊检查，就因为这个，小姑娘也莫名其妙成了"脏"孩子。我的腿弯和胳膊里侧明显没洗干净，瞧在眼里，我内心的震惊阵阵袭来：原以为自己洗得很彻底，却没能奈何那些脏东西。

奇怪的是，虽然遭受着家有病患的打击，我却强烈地渴望着能被班上同学邀请，参加精彩的跳绳游戏。用的那条绳是簇新的，两头有金色的纽结，是班上一个女生自己的，怎么用她说了算。不就是一条普通的晾衣绳吗？簇新的，上面还沾着毛茸茸的纤维，怎么就能赋予人那么大权力？我日复一日站在奥马鲁的石墙边，等待加入跳绳的信号："大家一起跳呀／天气真正好"，或者"穿海军蓝的两个小姑娘／有很多事要忙／向国王敬礼／给王后鞠躬……"不过，后者比不上前者，因为"大家一起跳"时，谁也不必担心自己选上没选上，我和其他等在一边的胆小孩子，会受到游戏本身的护佑和眷顾，悄悄溜进队伍当中。可惜大多数时间，跳绳的人是掌权的精挑细选的："农民要老婆，老婆要孩子，孩子要玩具……"

班上还有一个公认的"脏"孩子，名叫诺拉·伯恩，我挺瞧不上她，因为跟我一样，她几乎从未收到跳绳邀请。即便这样，她的瘾头还挺大，总是主动要求"永远挖果核"[1]，也就是一直摇大绳，自己却绝不跳。于

· · · · · · · ·

[1] core for ever: 之所以将摇大绳叫作"挖果核"，大概是二者有着类似的手部动作。

是，她成了人们口中"永远挖果核的女孩儿"。她这样的整个学校也就两三个，谁见了都直撇嘴。诺拉·伯恩，那个永远挖果核的女孩儿。没有比摇大绳这活儿更丢人的了。即便再想跟人家玩游戏，我也绝不毛遂自荐，去挖一辈子果核。

唉，布鲁迪是个病孩子。整个世界席卷而过：清晨、中午、夜晚，大萧条骚扰奥马鲁的每条街道、每个家庭，给许多人带来"麻袋"[1]和"慈善品"[2]，给父亲带来降薪。他说起"麻袋"和"破产"，声音里满是恐惧，这恐惧也感染了我们；医生和医院的账单到了，爸爸坐在桌子那头，双手撑着脑袋说："孩子他娘，我要破产了。我会疯的，会拿枪毙了自己。我会跑到河边，从码头上跳下去。"妈妈会不假思索地答道："别说傻话，卷毛头，上帝会帮我们的。"爸爸会说："那他最好打点起精神，得赶快。"一提到上帝和宗教，他总是语带不敬，认为那都是瞎胡扯。听他这么讲，妈妈会像留声机唱片那样说："想想田野中的百合…… 不要为明天担忧。"[3]

这时，有种新的东西，一种静默的沉思，进入了我的生活，我想，它跟午后的默读课有关。"默读"这个名字令我疑惑，因为表面上很安静，可我的内心却躁动不安，令我提不起对惠特科姆读本的兴趣。我们"认真读"匹诺曹，可我觉得这故事很蠢。我认为堂吉诃德是个傻

· · · · · · · · ·

1　sack：指失业。
2　dolc：指失业救济。
3　此语出自《新约·马太福音》第 6 章第 28 节：至于衣裳，又何必操心？想一想田间的百合花，它如何生长：既无辛劳，也不纺线。

瓜。那些沉闷的午后，我就那样枯坐着，脑子里思绪纷纷，然而却不知道想些什么。我观察着阳光下的一道道灰尘，它们给粉笔灰染成白色，在明亮的窗前浮动着，我以前还当那是太阳光线呢。

一天下午，上我最爱的音乐课，课本是《自治领歌曲集》，我们选了一首缠绵低回的歌："我哀悼死难的将士和被俘的朋友，/ 就像在海滨痛苦呻吟的浪潮……"我们也唱了这首歌的毛利语版本："E pare ra……"唱着唱着，我突然感到自己泪流满面，肯定有祸事发生了，虽然我说不出是什么：它就在歌里面，然而也在歌外，就发生在我身上。一放学，我就飞也似的往家里跑，甚至在亨特角超过了几个大男孩儿，跑到院门口时已上气不接下气。绕过房子来到后院，只见默特尔立在那儿，冷不丁地说："老猫死了。"

我们将老猫埋在花园里。她是一只毛茸茸的黑猫，随着年岁增大，毛色变得棕黄，似乎给炙烤过。我们家在奥马鲁落户后，猫和它们的小崽便不知从哪儿冒出来，跟着我们过，洗衣房大铜锅旁，成了它们养儿育女的专属地。虽然爸妈从不许猫进屋，有几次我们还是趁爸爸上班时，把它们偷带进来。但凡幼猫出生，老猫过世，我们总守在旁边。那时我们还没有各自专属的宠物。默特尔的老猫属于每个人，现在它死了，肯定会有另一只动物取代它的位置。

那个吟唱"E pare ra……"的悲伤下午，已经存入了我的记忆，就像电报线间的风声，就像"我的领地"之发现。我觉得很怪异：就在大家唱着"死难的将士和被俘的朋友"的当口儿，我的脑海中却浮现出那片孤寂的海滩，"在海滨痛苦呻吟"的浪潮，再就是海滩上的人，那些歌中的将士以及其他的人，有身处怀帕帕角或福特罗斯的默特尔、布鲁迪和我。与此同时，我能感到一种无可名状的恐惧与不快，它与那首歌无关；同样在那个时候，我坐在棕褐色的教室里，看着灰尘在窗口斜射进来的光线中明灭，那窗好高啊，每天早晨，值日生都要费很大劲，拉绳索、扯操纵杆，再用带钩的长杆，才能将窗户打开。学校的窗户皆如此，打开关上总是一场战斗。所以，默特尔说"老猫死了"的时候，我已经知道了；然而，除老猫外，这件事还涉及别的什么。

　　大约两周后，默特尔放学回家时，后面跟着条西班牙猎犬。这条狗就那么自自然然随她回来，我们叫它莱西[1]。她是条母狗，看那肥肚皮上一排排奶头就知道，不过爸妈禁止我们用"母狗"（bitch）这个词。我们和爸妈吵了好几次，爸爸威胁要扔掉它，妈妈说它有包虫，然而最后，我们还是收养了它。一周后，它产下几只小狗，我们留下其中两只，余下的给捆起来，塞进装白糖的麻袋，再塞上一块石头增加分量，扔进小溪里给淹死了。一年年过去，小溪的河床成为许多小动物的安息地，有大猫、幼猫、小狗，有我们家的，也有邻居的。麻袋朽烂后，时不时会有湿漉漉的猫骨架浮出水面，牙齿紧紧咬着，似乎正发出愤怒的咆哮。

· · · · · · · ·

1　Lassie: 此词意为"少女、姑娘"。

九　波普伊

一天，我交了个朋友，名叫波普伊，真名叫玛乔丽。这孩子一头稀疏的棕发，大嘴红唇，面相丑陋，她爸每次抽她，都用窄窄的机器皮带，在皮肤上留下一道道血痕。她这个人呢，不但行为言论，就连口吻用词，都令我耳目一新，更不要说她尽是主意，很会玩游戏，也会讲民间故事，虽然我觉着，那哪儿是什么故事，根本就是如假包换的谣传。波普伊教我如何对付疣，只消将冰草的汁液挤上去就成。我们坐在格兰街的黏土堤上，四下里开满了紫色的冰草花。冰草草茎很扎屁股，我们一边扭动身体，一边挤出茎中汁水涂在疣上。没过几天，那些疣居然消失无踪，简直是太神奇了！她教我如何吸吮一种植物茎中的酸汁，她说那是三叶草，后来我才知道它叫酢浆草。我们坐在那儿，享受着酸汁带给味蕾的刺激。她还教我怎样吸出长春花的蜜露，如何享用山楂的甜软果实。她跟我讲，要是在上学的路上，我们之间刚好隔了一根路灯杆，我们俩就会发生"不愉快"，谁也不能跟谁说话，直到两人的小指勾起来。再有，若是同时开口说了同一个词，也必须勾勾小指。

这些前所未闻的仪式令我欣喜。波普伊也教我如何将花儿"据为己有"。她跟我摆道理，说但凡有花探出篱笆，伸到了街上，便可以"据为己有"，便是我们的了，这不叫偷，它理所当然归我们。每天，无论是上学还是回家，我俩怀里都抱满了花，至于它们叫什么，波普伊都清楚，一一教给我。我们仔细研究校园里的草，即便是杂草也要一探究竟，那些新名字真美啊，令我们为之陶醉：荠菜[1]、小藜[2]（一阵窃笑），还有千里光，黑白相间的肉虫就长上面，不过我们更喜欢毛毛虫，它们长大了会变成赤蛱蝶。

放学后我常去波普伊家，在洗衣房里玩模拟学校。我们拿来她爸爸的空啤酒瓶，摆成一排，令它们呼吸，挺胸抬头双臂上举游旱泳，原地高抬腿跑。我们还为它们提供书桌，命它们说出云彩的名字，画出云彩的样子：卷云、雨云、层云、积云…… 我们令它们学习山脉中山峰的名字：瑞姆塔卡峰、塔拉鲁阿峰、鲁阿希尼峰、卡曼娜瓦峰…… 我们体罚它们，厉声道："认真听课。给我站出来。"啤酒瓶面朝西北，排列在长凳上，落日余晖射进灰扑扑的小窗，把它们染成金色。有时会打破个酒瓶，于是我们便拿起玻璃片，透过它注视着这个金色的世界。

我觉得波普伊无所不知。她知道很多东西的名字，也晓得许多日常物件非同寻常的用法。她说自己也有个"领地"，去摩拉基走亲戚的时候常去那儿。她念"摩拉基"的口吻，就好像那地方归她所有，跟我姑姑们念叨上中部、米德尔马奇、因奇克卢萨一模一样。

一天，波普伊问我想不想借她的宝书看，它和一堆拉里拉杂的宝贝一道儿，就放在洗衣房一只旧啤酒桶

· · · · · · · ·

1 shepherd's purse: 直译为"羊倌儿的钱包"，是欧洲殖民者带到殖民地的旧大陆物种。
2 fat hen: 直译为"肥母鸡"，故二人窃笑之。

里。她说:"是本《格林童话》。"这本书我闻所未闻,但还是说愿意借来一看。当晚,我拿着《格林童话》上床翻阅,突然间,现实世界与书中的世界以我从未注意过的方式连接起来。我对默特尔、点点和小鸡说:"你们听啊。"我开始读《十二个跳舞的公主》,她们倾听着。我读呀读,她们听呀听,我欣喜地发现,她们也同样欣喜地发现,我们就是跳舞的公主,不是十二个,而是四个。读着读着,我脑海中便浮现出卧室一角的衣柜,那里面有个地方,打那儿闪身进去,便可直达地下世界,直达山谷那边我们的果园,满园都是银色金色的果树,粗大的树枝折断时,发出大雁般的哀鸣;故事的结尾处,默特尔嫁给了那个老兵,在我的想象中,他长得很像文森特,虽然只有二十二岁,在我们眼里却是老迈枯干。当年,默特尔去温德姆步行营过暑假,还不满十二岁,可这人却爱上了她。

至于那些跳了一晚,已碎裂成片的舞鞋,就再熟悉不过了。我们自己的鞋底业已松脱,趿趿拉拉的,爸爸坐在那里,仔细地给皮子做标记,剪切,嘴里叼着几枚大头钉,躬身到鞋楦子上,蒙上半个鞋底,安上鞋跟,像故事里的国王那样,嘴里抱怨道:"这是跑到什么鬼地方去了,啊!脚指头都磨得露出来,鞋底也磨穿了!"是啊,到底去了什么鬼地方!

这个故事真是太棒了!果园里挂满金色、银色的苹果,枝干开口讲话、纵声歌唱、大声呼喊,地下的江河海洋哗哗地流过黑暗的洞穴,然后突然间,明亮的宫殿和舞厅出现在眼前。

书中每个故事都令人欣喜，令人激动。《蓝光灯》和《桧树》早在初级读本里就曾读过，堪称我们的最爱；《汉塞尔和格蕾特尔》与《白雪公主》以及所有涉及妈妈、爸爸、姐妹、兄弟、姑姨、叔舅的故事，都与我们的情况差相仿佛；此外，还有那一连串非凡礼物、惊人奇迹、形实变幻、残暴血腥，以及漫长岁月里满怀希冀的流浪与求索。《格林童话》讲述的是每个人的故事，只不过采取了特殊角度，多少改变了通常的观察方式。即便是昆虫和动物，到了故事里都能发人言，我向来觉得理应如此，那只山羊盯视我的时候，我就知道它在对我说话。每当躲过粘蝇纸的苍蝇给我的卷发缠住，在我耳边嗡嗡乱叫时，无疑是在疯狂叫嚷。

波普伊的《格林童话》成了我反复借还的宝书。

波普伊有两个哥哥，分别叫作鲍勃和泰德，还有个姐姐叫芙罗莉，不久后就要出嫁了。鲍勃已经不上学了，找了份差事做。他不太搭理人，额头上有块黑色印记，是骑车冲下医院山的结果。有人说，那块黑斑可不能去掉，否则他会没命的。眼见着芙罗莉婚期临近，我们聊天的时候，不免围绕着婚礼打转，再有就是结婚意味着什么，给问到这些问题时，我爸妈的回答总很难令人满意。

"妈妈，你结婚时都干了什么呀？"

"我和你爸跳过了一根扫帚柄。"[1]

· · · · · · · · ·

1　根据英国旧俗，未办正式婚礼的男女，要一同跳过一根扫帚柄。这里是说，作者的父母并不办正式婚礼。参见 *Brewer's Dictionary of Phrase and Fable*, 19th Edition, p. 735。

"那孩子又是哪儿来的呢？"

"是鹳送来的呀，所有孩子都是的。"[1]

这样的答案没意思透了，就跟你问人家手头在做什么，人家打趣地随口回答"给鹅辔头做个圆顶屋"[2]没什么两样。不过这也不打紧，问波普伊就是了，她什么都知道。

"你要干那事儿。"她说。

"干那事儿?!"

"男的趴在女的身上，把他那玩意儿放她里面去。"她跟我讲了很多，譬如怎么干那事儿，男人如何在那东西上戴个套子，以防女人怀孕，女人如何会有阴部，男人如何会"高潮"，如何将精液射得到处都是，还有，女人怀了孩子又不想要的话，可以喝杜松子酒把孩子打掉。她还给我唱了一首童谣：

> 英镑先令与便士，
>
> 篱笆绊男人个狗吃屎。
>
> 摔在一个女人上
>
> 硬是挤出一个小孩子，
>
> 英镑先令与便士。

· · · · · · · ·

1 西方人给孩子解释婴儿的来源，常说是鹳（stork）送来的，时至今日，产科医院里、添丁贺卡上常有此鸟的形象。参见 *Brewer's Dictionary of Phrase and Fable*, 19th Edition, p. 1291。

2 A wigwam for a goose's bridle: 这句话据说 1836 年起源于英国，后来在澳大利亚和新西兰比较流行，首次出现大概是 1917 年，如今已经过时。大人不耐烦小孩子反复的问题如"你们做的是什么?"（What are you making ?）时，会以此话来回答，意思是"一边儿玩儿去"，因为此话毫无意义：鹅从不会戴辔头，而辔头也无需圆顶屋，简直是风马牛不相及。

66

她还知道一些梅·韦斯特[1]的事儿。那时，人人都在谈论梅·韦斯特和她那些事儿。学校里上默读课的时候，我俩窃笑着，将惠特科姆（Whitcombe）和托姆斯（Tombs）[2]改成了奶子（Tit）、高潮（come）和子宫（wombs）……

芙罗莉结婚那天，她与新婚丈夫坐在拖着罐头盒的婚车里，在我们的欢呼声中离开了，我们则又是气泡饮料又是蛋糕地美餐一顿。几天后，默特尔、我、泰德和波普伊跑到山上的第二个园子里，市政人员刚刚伐倒的树还在那儿，默特尔和泰德就在树枝和松针上躺下来，在我们饶有兴趣的注视下，泰德趴在默特尔身上，上下抖动着，试着去做"那事儿"。

这全新的体验令我欣喜，同往常一样，我迫不及待要跟人分享一天的经历，于是，晚上在茶几旁我随口说道："今天下午在园子里，默特尔跟泰德干那个了。"

"干什么了？"爸爸问道。

"当然是干那事儿了呗！"我说，觉得不过是讲讲那天发生的事儿，根本没有意识到这有多严重。

突然间，恐惧闪电般击中了桌边的每个人，爸爸一拳砸在桌上，茶具跟我们都一下子跳了起来。他说："我警告你们，再也不许跟波普伊、泰德讲话，那家的人一个都不成。"他转过脸盯着默特尔，说："至于你，跟我到卧室去。"

· · · · · · · · ·

1 梅·韦斯特（Mae West, 1893—1980）：美国舞台及电影演员，剧作家，编剧，歌手，作家，性感偶像。
2 Whitcombe 与 Tombs 是 20 世纪澳大利亚和新西兰著名的儿童读物系列。

他高声叫道："孩子他娘，皮带放哪儿了？"妈妈从不打我们，每次爸爸要皮带，她都很害怕。这会儿她哀求道："别打她好吗，卷毛头？"

可这哪里是小事啊！爸爸抡着皮带抽默特尔的当口，我吓得要死，想到这事儿我也"有错"，便跟其他人逃到院子的凉亭里。我实在搞不懂，不就是听我汇报了那天的情况嘛，爸妈怎么瞬间就变了个人。我以为那是件值得庆贺的事儿，当真以为大家都会因之开心。

默特尔在卧室里哭叫的时候，爸爸抽了个空，叫人去请医生，默特尔虽只十二岁，却已来了例假，这在那会儿算早的了。记得那天早上，妈妈站在缝纫机旁，仿佛发生了祸事般大叫道："默特尔来了，默特尔来了。"听到这话我登时糊涂了，过了一会儿才明白，来的不是"精液"，而是"月经"。

医生一到便进了卧室，给默特尔做检查。我们听到她在哭。爸爸那般愤怒，那般恐惧，令我难以忘怀。医生毫不客气地对爸爸讲："她很狂躁，肯定是吓坏了。"

如同布鲁迪发病的那一夜，这一夜同样改变了我们的生活。

第二天遇到波普伊时，我对她说："我再也不能跟你玩儿，也不能跟你讲话了。"

她同样郑重其事地回答道："我也不能跟你说话了。"原因是，波普伊也没想到要保密，把那事儿说了出去。

双方父母的警告颇为严厉，告诫我们说，一旦不听话，后果将极其严重，因此，我与波普伊从此再无往来。直到数年后，我才有机会跟她讲话，不过仅是寥寥几句。

那本《格林童话》还给了她，所幸许多故事都已牢记在心，十二个跳舞的公主也在我们家定居下来，想到这些，我心中尚感宽慰。不但有十二个公主，还有蓝光灯和桦树。可以想象，圣诞节时，每个榛子里都紧紧地塞着一条折好的舞裙，闪着金色银色的光，展开了就变大了，刚好合我的身。"摇一摇那榛子树，/ 金色银色覆盖我。"我仍会去到院子里，在水龙头旁那青草最青的地方玩耍，喝酸模籽茶，想象一只小山羊在长草间啃食，想象我对它讲："小羊小羊来吃草，/ 饭桌整洁咩咩叫。"它在我面前享用完美餐，同我道别："小羊小羊吃完草，/ 饭桌整洁咩咩叫。"

在学校，我又一次陷入孤独。跳绳热了一阵儿又冷了，弹子火起来又火过去，那会儿，大家都玩跳房子。我整日搜寻圆溜的小石子，即所谓的"跳子"，夜里躺在床上，满脑子都是跳子，等着我去捡。我和点点、小鸡在屋外的小径上玩跳房子，见到有花枝招展的年轻女人踩着高跟鞋走过，便会大放厥词："为什么不再多涂些粉，啊，再多涂些粉啊！"

我与默特尔情好日密。默特尔那年初中毕业，[1] 家里人都在谈论，她是否能拿到高小毕业证书。爸爸提醒她说，要是拿不到的话，就得去毛纺厂上班。不过，那是早晚的事儿，爸爸反正没钱供她读高中。当然，若是她

. . . .

1　当时新西兰采用英国学制。小学四年，从 Standard 1 到 Standard 4，年龄从 7 岁到 10 岁。中学阶段从 11 岁到 18 岁：初中四年，从 Form 1 到 Form 4；高中从 Form 5（分为 Lower Fifth、Upper Fifth）到 Form 6（分为 Lower Sixth、Upper Sixth）。原文说默特尔是 Proficiency Year，指拿初中毕业证的那年。

早早就给送去卡弗舍姆上工读学校，就没有毛纺厂什么事儿了。

我们家的又一个危机接踵而至：在费瑟太太店子的购物账单居然高达一百镑，无论如何都还不上。这么大一笔账单令我颇为自豪，我对班上同学讲："我爸爸快破产了。我们的账单有一百镑呢。"为什么不能跟外人说账单的事儿呢，我又一次给这类事儿搞糊涂了。那会儿，我琢磨出了自个儿的购物法，我会光顾上学时路过的每家店子，跟店主说我要一样东西，而我知道，那样东西他得去店子后面取，趁他离开的当口儿，我迅速抓起柜台上的货物，塞到胳膊下面，然后僵硬地夹紧双臂，等店主回来时，我会拿出可信的理由，说妈妈应该不想要那东西。我通常会顺个苹果或梨，要么就是"棒棒糖"。有一天，我壮着胆子第二次走进同一家商店，试图故伎重演，不成想那女店主问我："今天早上，你动没动过店里的东西？"我怕得要死，赶忙说："哦，没有啊！"她警告道："你要是动了的话，我就叫警察抓你。"我再没去过那家店子，再没偷任何一家的东西，而是改从费瑟太太家买"趣味饼干"，钱就记在账上。我把它们藏在树篱中，想吃巧克力饼干时，就去取一块。不过没过多久，我就换了藏匿地点，因为一个湿乎乎的早晨，我发现一个纸袋里面的饼干受了潮，爬满了地蜈蚣。

有时上学路上会遇到波普伊。我们彼此偷望几眼，眼中满是惭愧与羞怯，接着我便穿过马路，走到街对面去。我俩都明白，听话总比不听话来得好受些，既然得分开，我们也就听天由命吧，朋友是再也做不成了。

我不再玩好玩儿的游戏，也不再读精彩的故事、传播令人兴奋的小道消息。每天，我都收集偷来的巧克力饼干上的那层锡箔纸，抚平有颜色那面上的褶皱，再放入一个扁平的黄色烟草盒，一张张压平。有时我会坐下来，打开那盒子，欣赏五颜六色的锡箔纸。

不幸的是，就在那个月末，家里人发现账目出了问题，一查之下，原来是我在"捣鬼"，于是我受到了惩罚。我只好放弃锡箔纸，放弃用它们拼画儿的远大抱负。在黄色贴梗海棠丛与玫瑰拱门间，我拥有了自己的牧场，自己品种的奶牛，Bar X。此后的一天，因为玛吉姑姑要来我们家住，爸妈便打发我去买表面有糖霜、容易粘一块儿的巧克力饼干和趣味饼干，这趟可算是正大光明了。

十　永久的波浪

玛吉姑姑是爸爸的妹妹，她得了喉癌。爸妈说她喉咙变得越来越窄，等到完全堵死，人就活不成了。他们还说，玛吉姑姑（爸妈喊她玛格）极聪明，做得一手好针线活儿，编织也很在行。她住家里的这段日子，我们都得规规矩矩的，见她勉力吃饭，绝不要盯着看。我们坐在饭桌边，惊异地看着她，内心充满恐惧，只见她将越来越多的食物留在盘子上，抱歉地瞅妈妈一眼，道："不好意思啊，洛蒂。我吃不了这么多。"

除了在饭桌上瞅她，我们还瞧她打毛线。她精通麻花针，这本事非常了得，世人都可依此划分为会麻花针的，不会麻花针的，那叫一个泾渭分明。我偶尔听到妈妈隔着篱笆对沃尔什太太说："孩子他爹的妹妹来我们家住，她会织麻花针。"妈妈本人对缝纫编织了无兴趣，爸爸那些姊妹颇为能干，给妈妈很大压力，但她无意与之较量，只按部就班地信奉自己的宗教，按部就班地写歌写诗，写抨击政府的信寄给报社。她不再拉手风琴，爸爸的风笛和风笛乐谱也束之高阁，傍晚时家里再无歌声。爸爸也曾一度拿出油画颜料，为先前临摹自香烟卡片的狩猎图添笔，但尚未完成便搁置一边，从此再未拿起画笔，致使其中一只猎犬的瞳仁永远阙如。为何这样呢？我大惑不解。只需轻点两下，那条猎犬便能看见，这岂不是举手之劳？如今回头想想，我觉得，爸爸不愿或者不能给那猎犬以视力，不但反映出他深刻的绝望，也反映出他的认识：没有什么是完美的。可以说，而且他自己也一再说，每当我们缠着他画完那幅画儿，或者每天晚上央求他像从前那样吹奏风笛时，他"再也没有那个心情"。

玛吉姑姑来我们家时虽已病入膏肓，却也让我们了解到外部世界，了解到电影和新鲜词汇，为这个家注入了新的活力。关于大萧条的消息满天飞。不过，人们对烫发[1]更感兴趣。我们晓得，沃克太太，就是以前住温德姆时的邻居、后来搬去戈尔的那位，曾写信跟妈妈说她烫了波浪头，妈妈一看这人竟这般堕落，整了个如

1　烫发称为"permanent waves"，字面义为"永恒的波浪"，"permanent"有"永远、永恒"之意。

此"造作"的发式，惊得嘴都合不拢。如今，玛吉姑姑拉家常般聊起烫了发的人，甚至还有烫了两次的。我知道"permanent"的意思。此前我还以为，"烫发"意味着烫一次便一劳永逸，如今才知道，这个词并未道出实情，令我大为震惊。倘若"permanent"像"forever"一样，意味着"everlasting"（永恒），就如墓前钟形罩里花瓣干硬的花朵，那么烫发怎么会要重做呢？自从那次站在学前班的讲台上，给博廷小姐询问真相后，我便时常醉心于"真相"一词。"告诉我真相。为什么不能讲真话呢？"虽然我知道，无论是讲真话还是撒谎，后果都同样严重。可如今，"烫发"（永久的波浪）并未道出真相，可似乎人们并不在意。

日复一日，玛吉姑姑静静地坐着，用长眼绣花针[1]（我以为是"残忍绣花针"）和绣花棉线绣东西，做针线活儿，时不时拿起线束，借着光数那线有几股。她和妈妈常常有说有笑，谈起以前在乌特勒姆的日子，谈起约克公爵及公爵夫人的访问。有天晚上，她们两人去看电影，那是妈妈一辈子唯一一次上电影院，她们看了《阿尔福的漂浮纽扣》和《维也纳之夜》。我从未见过妈妈唱哪首歌时，眼中会迸射出那样的火花（她总是一边干活儿一边唱）：

> 自你离去后，
> 岁月缓流淌，

. . . .

1 crewel needles（长眼绣花针）中的"crewel"发音颇类"cruel"（残忍）。

你会记得维也纳，

你会记起五月的夜晚

情人已离去，消失无踪影……

他们从何来，他们往哪儿去，

维也纳永远不会告诉你……

这首歌照例是忧伤的，每每唱起它，妈妈和玛吉姑姑便你看看我，我看看你，眼中溢满乡愁，妈妈会说："哦，玛格！你想想看。"玛吉姑姑闻听此言，便会意地点点头。爸爸若是在家的话，或许会斗胆说："《开心杂志》在哪里？"《开心杂志》是爸妈喜欢的一本幽默杂志，我们头回见到玛格姑姑时，还以为她跟《开心杂志》封面上的那个女人是亲戚呢。[1]

后来有一天，我放学回到家，发现玛吉姑姑不见了。她给送进了医院，后来就死在了那里。她葬在家族墓地，紧挨着爷爷奶奶。她丈夫艾利克斯姑父为人刻薄，对弗雷姆家向无好感，他在妻子墓前摆放了一个玻璃钟形罩，内置干花，有人听到他说："这下算是摆脱弗雷姆家了！"

每当有人过世，包括前不久我们从未谋面的外公，妈妈都会引用《圣经》上的一句话，这次亦不例外。她说："天主必亲为拭其目中之泪。此后不复有死丧，亦不复有忧愁、悲泣，旧绪已成过去。"[2] 于是，"永恒"

· · · · · · · ·

1 《开心杂志》的杂志一词是 Mag，而姑姑叫 Maggie，所以会有此联想。

2 此句乃是《新约·启示录》第21章第4节，作者母亲引用时与原文稍有出入，译文参考了吴经熊所译《新经全集》。

（permanent）一词以自己的方式惩罚了滥用它的人，因为《圣经》说，万物皆不可永恒，皆有来有去，譬如四季轮回，譬如动物（老猫）和人（奶奶、爷爷与外公、玛吉姑姑）。当然还有波普伊。

玛吉姑姑的来访及死亡，也恰逢"好的，头儿"这句话流行之时，而我们小孩子是禁止这么说的。不过，一旦爸爸上班去了，我们便缠着妈妈，不厌其烦地说"好的，头儿，好的，头儿"。作为家里的老大，默特尔恰值叛逆的年纪，但凡给爸爸要求干这干那，便会公然以"好的，头儿"回敬他。"公然"似非小事，因为一旦如此，爸爸便会赶她回卧室，再锁上门，嘴里反复道："你可是要吃皮带？！"如今的他们俩，可算是水火不容了。

这句话何时说才感觉倍儿爽呢？当然是嚼口香糖的时候啰。你一边说，一边把口香糖从嘴里扯出来，尽量往长里扯，观察大人惊惧的表情。他们一定在想：这也太明目张胆了吧，这样说话，这样吃口香糖，也太过放肆！就默特尔生活中的每项新变化，爸爸都会与她争吵不休：想穿宽松长裤，不许！想涂口红，不许！想去跳舞，周五晚上想去城里玩，都不许！口香糖与"好的，头儿"令争执白热化。颇为讽刺的是，正是边嚼口香糖边口出不逊的行为，成为玛吉姑姑到访可资回忆的一部分。可怜的玛吉姑姑，我们眼见她挣扎着吞咽，费力地讲话，直到喉咙给堵死，方撒手人寰。

十一 睡王子

事实上，早早辍学的姑娘们大多进了"北街以北"的毛纺厂。每天一大早，便能瞧见毛纺厂的姑娘们骑车上班。厂里的哨子每天响三次，分别在八点、午饭时间和下午放工时。奥马鲁这座白石城的日常，空气都是慵懒的，搅动它的唯有那三次哨响、市政厅的钟鸣以及前滩那边大海持续的涛声。沿着之字形的小路向上走，便能登上美化协会的木质露台，从那儿放眼望去，远处毛纺厂高耸的烟囱尽收眼底。我们将来要么去那儿上班，要么给关进卡弗舍姆的工读学校，不过同拍岸的海浪一样，这一切降临在我身上前，先会落在默特尔头上。可即便如此，忽有一阵，我们心中萌发出一系列远大理想，任什么都打消不了。

我们欠了费瑟太太好大一笔账，眼瞅着是无力偿还了。见事已至此，好心肠的她于是决定，每周给我家孩子每人三便士，用于周六下午买票看电影。既然如今每周都能"看电影"，便有了一个崭新的世界，为我们呈现出一系列崭新的理想。默特尔一头金发，真像极了琴吉·罗杰斯[1]，她立志要做舞蹈家或女影星，能两栖就更好。为了这个梦想她说做就做，写信索取博罗特教授舞蹈课免费教材，等书寄来，才发现是本宣传册，仔细标

. . . .

1　琴吉·罗杰斯（Ginger Rogers, 1911—1995）：好莱坞著名女演员，1940 年因电影《女人万岁》获奥斯卡最佳女主角奖，1999 年在美国电影学会"百年最伟大女演员"评选中列第 14 位。

明了哪门课程多少钱，还印有教授本人的大幅照片。他一头黑发，留着八字胡，穿条西班牙式黑色喇叭裤，正在跳西班牙舞。我的经历也差相仿佛，兴冲冲去信申领"免费"口技教材，盼来的却是失望。我们学乖了，再也不做索取课程指南的傻事。不过几年后，我还是写信给加利福尼亚的玫瑰十字古老神秘教团（AMORC）[1]，向其索取《宇宙奥秘》一书。看到有位盲童在歌剧院演奏小提琴，我便梦想成为一位盲人小提琴手，不过，这不大现实。还因为我有一头卷发两个酒窝，所以也曾想，或许自个儿能变成第二个秀兰·邓波儿。

默特尔想当女演员事出有因，在学校她演过话剧，饰演圣女贞德，身着纸板做的银色铠甲。她也参演过《日本天皇》，并曾出演《比纳佛》[2]中的船长。她也曾在达尼丁 4XD 广播电台朗诵诗歌，因为伊瑟姑姑的妯娌莫莉阿姨就在台里做事。我们跑到隔壁邻居弗莱茨家，在他家收音机发出的静电噪音中，聆听默特尔来自远方的声音朗诵她心爱的诗歌《睡王子》，我们更熟悉它另一个名字，叫作《夜里我遇见》[3]：

· · · · · · · ·

1　AMORC: 玫瑰十字古老神秘教团，是目前全球最大的玫瑰十字会组织，由哈维·斯潘塞·刘易斯创立于 1915 年，被认为是最早的国际非政府组织。AMORC 认为其标志没有宗教内涵，玫瑰十字符号早于基督教出现，十字架象征性地代表人体，玫瑰代表个体展开的知觉。

2　这两部两幕的诙谐歌剧均由阿瑟·沙利文（Arthur Sullivan）作曲，威廉·S. 吉尔伯特（W. S. Gilbert）创作剧本。《日本天皇》（*The Mikado*），1885 年 3 月 14 日在伦敦首演。《比纳佛》（*H.M.S. Pinafore*），1878 年 5 月 25 日在伦敦首演。

3　此诗是沃尔特·德拉梅尔的作品。

夜里我遇见睡王子，

那面容安详而美丽，

他漫步穿过幽深山谷，

美丽绽放在孤寂之地。

身着薰衣草色的灰衣，

罂粟花环紧贴眉际，

燃烧如暗红的煤，四下里

空气甜美，全因他的呼吸。

他不着鞋履的双足踏着暮色，

眼中火焰在夜色中微微闪亮，

美丽的飞蛾在脚前投下暗影，

似乎在书写他那美丽的姓名。

他的屋舍就坐落在山间……

除此之外还有其他诗歌，默特尔都一一诵读，无一落下，俨然就是半个电影明星了。此外，她又能跑又能跳，还会游泳，身体棒得没的说，每天早上六点整，准能赶到米高梅或雷电华的摄影棚，且不会耽误她身着露背长裙，参加好莱坞的夜间派对。

然而，就在那年年底，参加校运会赛跑时，她突然晕倒，给人送回家。医生来做了检查，说她心脏有问题，随时会死掉。妈妈就是这么跟我们讲的，不过她说的是"走"而不是"死"。听到这消息，我们甚为惊骇，简直不敢相信自己的耳朵，默特尔身体那么棒，活力满满的，浑身上下只有一处伤疤，还是在温德姆踩高跷时留下的，而且，她一头卷曲的金发，那么像琴吉·罗杰斯，她还做了那么多准备，好让星探发现她，给她递上一份数百万元的合同……

此后一段时间里，我们小心翼翼地观察她，心中充满好奇与恐惧，等待那恐怖一刻的到来。然而，默特尔并未停止呼吸，我们也就很快忘了这回事，毕竟死亡意味着生机尽丧，而默特尔却是活力充沛，不但学跳舞，还成了广播明星，朗诵着她心爱的"夜里我遇见睡王子"。

鉴于默特尔有"心脏问题"，医生建议她辍学，去毛纺厂上班自然也就行不通了。于是，家人安排她去寡居的麦克吉布西太太家帮忙。那女人带着两个女儿，住在街尽头一栋有前阳台的房子里。这样的话，默特尔每周能挣几先令，可以买口红和擦脸粉，周五晚上可以买杯奶昔，还有"禁读"杂志，比如《真实告白》《真正的浪漫》等，带回家和我们躲在被子里看。杂志里印着真人照片，俊男靓女相拥热吻。至于那里面的故事是否在讲"真相"，我丝毫没有怀疑，原因很简单，上面写得清楚，是"真实故事"呀！那时的我尚未意识到，词语是会说谎的，这再普遍不过了；就在几周前，我还兴冲冲地跑去城里一家叫作"自助"[1]的新店子，满心以为能够想拿啥就拿啥，完全免费！

· · · · · · · ·

1　这家店子叫"The Self Help"，应该是家自选店，而作者误以为是"help yourself"，意思是"自己动手拿，别客气"。

"真相"也体现在一份同名周报里。爸爸每周都会在亚当斯家的店子买一堆报纸杂志,《真相》亦在其中。他会说:"去,把那些书报杂志取回来。"我们有人便会跑到亚当斯家,惊异地瞅着独臂的亚当斯先生,瞧他如何用松垮袖筒里的那只残臂,将柜台上整理好了的报纸杂志压住,继而卷起、绑好,再剪断绑绳。那卷报纸杂志里有《真相》《幽默》(刊载了全世界最幽默诙谐的故事)《开心杂志》和《出口商》,妈妈要看她发表的诗作和短文,我们要看里面的漫画。

《真相》是不给孩子看的,不过偶尔我们也能偷瞄几眼,看到一幅幅模糊的照片,有发生谋杀案的带游廊的老房子,有罪犯或逃跑的精神病人眼露疯狂的面孔,有以箭头标示尸体发现处的沼泽围场。虽然爸妈尽力隐瞒丑恶之事,可是纸里包不住火,有关巧克力毒杀案和育婴院[1]的消息还是传到了我们耳里。爸妈觉得,天灾如地震、海啸,甚至火灾,怎么说呢,都算"干净"的,而谋杀、虐婴、暗中帮人堕胎就太恶劣了,根本不该谈论,甚至提都不要提。爸妈要是知道那个老男人的行径,一定也会将他归入邪恶之列。那人有时会尾随我们,去到美化协会的露台上或花园里,面带古怪笑容,拉开裤链,掏出那东西让我们瞧。我们觉得他很搞笑,都叫他"贱人",属于怪人一类,也就是与我们迥然有别,比如老姑娘、吉卜赛人老玛、城里的妓女、天主教

. . . .

1 baby farm:英国维多利亚时代晚期(美国、澳大利亚亦有此情况)的收费婴幼儿照管机构,本应提供相应的看护,却常常爆出虐婴丑闻。

徒，还有德国人和中国人。我们还编了顺口溜奚落他们，譬如《天主教狗儿臭得像青蛙》《像青虫生在瓦罐里受洗在茶壶里哈哈哈》，还有一首，可以针对所有其他种族：

> 一九零四年啊，
> 德国佬去打仗。
> 坐在岩石上啊，
> 玩自己的鸡巴，
> 一九零四年啊。

有时我们会唱"毛利人去打仗"。在学校里，我们了解到毛利人的事儿，可奥马鲁的毛利人寥寥无几。妈妈同我们讲，她是"在毛利人中间长大的"，因为她母亲的后妈带来的几个姐妹兄弟都是毛利人。默特尔的闺密是个毛利人，但又不完全是，因为她父亲，也就是我爸的工友和钓友，据说是个"地道"的毛利人，似乎这总比他女儿好很多；人家都说她"只是个混血"，好像很丢人似的。对于这类话我从未多想，只是感觉那背后隐藏着某种情绪。我觉着"混血"（half-caste）一词与许多东西有关[1]，比如爸爸钓鱼时的抛竿（fishing casts），比如四脚朝天的绵羊（cast sheep[2]），比如雨后前院儿草坪上的蚯蚓粑粑（worm casts）。妈妈有时会突然唱起一首歌，因为

. . . .

[1] 作者当时年幼，误将 caste（印度种姓；种姓制度；特权阶层；级）一词当作 cast。
[2] 绵羊有时会仰卧在地，四脚朝天，可参见相关网络视频。

那歌令她想起"亲爱的老校长霍华德先生",歌词里也有"cast":

> 老汤姆[1]铸造完毕，
> 基督堂钟声敲响一二三四。

唱的是我们这儿的基督堂吗？非也，是老约翰·戈弗雷医生的基督堂……议论他人的方式多种多样，因着匪夷所思的原因羡慕或鄙视他人，亦有着林林总总的方式，有时仅仅因为人家死了或生活在另一个国度。他人也因其能力而收获羡慕，譬如会麻花针的玛吉姑姑，譬如参加舞蹈歌唱比赛的孩子。此外，你会因为人家拥有什么而羡慕，因为人家有那样的父母而羡慕，即便并不认识他们，你也会给他们打分，从而决定好恶，并跟别人吐露你的所感……用你高高在上的成人口吻。而我们这些孩子呢，就站在下方，捕捉空中一切穿梭来去的看法，像是捕捉坠落的星辰，保留某些，其余的任其划过。

　　妈妈总是这样评价自己："跟你们讲啊，我这人主意很正的。"我们喝酸模籽茶或大丽花酒时，她会要我们学着说："跟您讲啊，我这人主意很正的，某某太太……"然而，在我们生命中这段时间里，她突然发觉，自己给来自四面八方的想法和建议包围了。这一切都跟布鲁迪的病有关，想来你也明白。默特尔跟我成为密友，点点

．．．．．．．．

1　Old Tom 即 Great Tom，是牛津汤姆塔中的一口钟，每晚九点零五分敲响101次，代表牛津基督教堂学院最初的101个学生。

和小鸡也成为密友，还带上街对过的莫莉·罗布森一起玩，而布鲁迪呢，却一直病着，日复一日，夜复一夜，妈妈一边照顾他，一边四下打听"治病的法子"。

十二　治病的法子

妈妈说医生没啥用，开的都是些什么药啊，弄得布鲁迪脑子更乱，动不动就发火，不吃药还没这么笨。他小时候多聪明，走路说话都比别人早，当然，默特尔除外。爸爸总认为，布鲁迪"要是想的话，就能控制自己不发作"。有段时间，妈妈见爸爸说得笃定，于是一看到再熟悉不过的发作苗头，便也跟他一道嚷："布鲁迪，你给我停下来，立刻！"有人讲，这病"挨顿打就好了"，爸爸居然信以为真，抽打了他一两次，希望鞭到病除。这法子自然无效，可爸爸固执地认为，布鲁迪"要是想的话，就能控制自己不发作"。他说，关键是要讲规矩，要有意志力。

眼见着无望找到治病的法子，妈妈便着手调查病根，以期治本，于是，想法和建议再一次包围了她。有些人说，"可能是脊椎出了问题"，还说他们认识某某人，给个脊椎按摩师奇迹般治好了，那医师说得肯定，病根儿向来都在脊椎上。听得此话，妈妈便急忙带着布鲁迪去找那位按摩师。沿着伊甸园街走到坡下，便看到一所大房子，辟有双车道，车道旁种着金鱼草，也叫啮龙花，盛开的花朵有着天鹅绒般的质地。那位医师是个穿灰西装的高个子男人，脸色蜡黄，一双眼睛看上去似乎在挤压其后的什么。他跟妈妈说："毫无疑问，毛病就在脊椎上。"其后数月，妈妈带布鲁迪去他那儿看病，每次诊费十先令，不过也并未按次交费，因为我家菜园里种满了蔬菜，而且总能弄到三文鱼、银鱼或小龙虾，可以拿给那按摩师。

那段时间，大人们彼此间常谈论"脊椎"如何神秘，说话时的口吻与神情，令我心下认定，脊椎乃是令人惊叹的巨大谜团。说实话，布鲁迪的脊椎成了令人艳羡之物。我们偷偷翻看家里的医书，也就是那本《女士家庭治疗手册》，翻到展示"脊柱畸形""脊柱结核"的彩色插图时，惊得两眼发直。然而，情况渐渐明朗起来，问题不在"脊椎"上，妈妈又转而听信了另一种观点：可能是眼睛出了问题。于是，她便带上孩子，去蒂马鲁看眼科医生，来回就是一整天。接下来又有人说，也许是耳朵？于是，又一趟趟跑蒂马鲁，去找耳鼻喉专家。

致病之谜似乎终于解开了：问题出在饮食上，改变它要比治疗脊椎、眼睛、耳朵便宜得多。有人给了妈妈一本书，名为《健康生活指南》，书上说，问题就出在黑面包和麸，也就是粗粮上。妈妈恍然大悟："这我知道的呀，你们外婆有糖尿病，医生说别的都别喝，只能喝包菜汤。吃全麦面包和蔬菜……"其实我们家伙食一直不赖，甚至可说丰盛，总有上中部出产的大罐蜂蜜和树莓酱，还有一麻袋一麻袋南边来的牡蛎，爸爸也会抓些三文鱼、银鱼、小龙虾和鳟鱼，吃黑面包和麸的时候有，但绝非经常。

妈妈四处求医问药、遍访名医的当口儿，我们这些孩子变得更"野"，更加无法无天，但凡城里边、学校里和家附近有什么热闹，我们都忙不迭地掺和进去。我们加入了帮会（绿羽帮）和秘密社团。餐室里国王餐椅的靠板给我们卸下来做成雪橇，用之前，先给这"滑行装置"涂上了厨房里的烤肉油汁，以做润滑之用。我们在泰晤士街上奔上跑下，试图发现商店橱窗里货品布置上的错误，好从店主那儿赢个小奖品；听说新开张的麦肯奇店，就是漆成亮红色的那家，有避孕套出售，我们便蜂拥而入，却发现那不过是手指套而已。弟兄会会员有时上我家餐室开会，一群写诗的小伙子也会到家里来，读自己的大作给妈妈听，再听妈妈对诗歌发表宏论。每当此时，我们便编歌谣奚落他们，模仿他们的怪样子，把他们的帽子压扁。我们四处乱跑时，狗儿们也相跟着窜来窜去，兴奋地吠叫，其中就有默特尔的莱西，布鲁迪的莱迪[1]，还有一两条总在我家转的幼犬。

可是好景不长。邻居们向健康监察员克朗普先生投诉，说"弗雷姆家的窗户总有狗跳进跳出"，于是他没打招呼便现身了，面色严厉地站在我们卧室正当间儿，脚边是几只满当当的夜壶，里面的液体呈现深浅不同的琥珀色。他指着被褥未叠的床铺，又点出整个房间的凌乱，警告妈妈说，除非我们丢掉狗，除非"那些孩子"帮着做家务，否则他会送我们进福利院。

没法子，我们只好将莱西、莱迪和那两只小狗塞入麻袋，丢进小溪里淹死。那两个小家伙，当初我们可是

• • • • • • • •

1　Laddie：此词意为"小伙子"。

看着它们给人剪掉尾巴的，人家说那不疼，可我们哪里肯信。约莫两周后，默特尔又带了只毛茸茸的小黑猫回家，我们留下了它，日后它成了有名的"大猫咪"，是数代猫咪的老祖母。也就在那时，或许是因为妈妈去信要她来，外婆居然大驾光临，虽然此前从未见过她，可架不住妈妈经常念叨，爱母之情溢于言表，不由得我们不做如下想：外婆是天下最好的妈妈。

十三　空中飞鸟

看到外婆的第一眼，我就不喜欢她：这不仅是个陌生人，而且一副妈妈归她所有的做派，可人人都晓得呀，妈妈是属于我们的。然而，令人伤心欲绝的是，妈妈似乎并不介意，反而心甘情愿做外婆的附庸，且甘之如饴。瞧她们聊得那般火热！外婆满嘴洛蒂这洛蒂那的，妈妈呢，居然喊她"母亲"。哦，那些住怀卡瓦街时的旧时光、霍华德先生、斯托克先生、老船长们、皮拉诺家、凯尼家、戈弗雷家、乔伊斯家、赫勃雷[1]、迪芬巴赫[2]、卵石小径、惠灵顿和柯卡尔迪斯[3]，就这样没完没了，

- - - - - - - - - -

1　指的也许是 James Heberley，生于英国，后从事捕鲸业，曾为惠灵顿港口领航员。
2　Johann Karl Ernst Dieffenbach：德国医生、地质学家、博物学家，是第一位在新西兰生活和工作的受过训练的科学家。
3　Kirkaldies：新西兰首都惠灵顿一家历史悠久的百货公司，创立于 1863 年，曾是惠灵顿的地标，2016 年黯然歇业。

直聊到"当初"的殖民先驱，还有土地测量员，边测量边留下白色印记，就像蜗牛拖着长长的脚。妈妈总是说测量员用白色的脚来丈量……她们讲的我们早就烂熟于心。妈妈曾经不厌其烦地说外婆脾气有多好，我们一定会陪她"沿着山谷"散步的，她的丛林技艺有多高明，她如何善解人意，充满爱心。我们还给反复灌输，说她会像"大姐"般对我们。"你们瞧着吧，她对你们会像个大姐姐似的。"你们知道空中的飞鸟吧，它们自然有理由不相信人，可偏偏会落下来，吃外婆掌中的食物，因为所有动物都信任她。关于外婆的故事我们听了一遍又一遍，有时满怀兴致，有时兴味索然，如今她真人降临，对她我们唯有憎恶。她一开口就抱怨我们没正形儿，如何"踩在妈妈头上"，对她如何"放肆"，她忙完布鲁迪的事儿，又如何"无微不至"地照顾我们，布鲁迪若是"真的下决心"，应该没这么糟。她还埋汰我爸爸，说他是个异教徒，这"一切"不幸都怪妈妈，谁让妈妈没嫁给弟兄会里的人。这还没完，她还嫌我们家像个猪圈，没哪个孩子会"动动手指"帮忙干家务，也没哪个孩子对大人有"任何尊重"。

这种话我们又不是头一次听，往往还外加一句"在家是魔鬼，出门是天使"。听见母亲这番话，妈妈什么也没说，白皙的脸上红一块儿白一块儿的，泪水在眼眶里直打转儿，不知该护着孩子，还是该力挺母亲。也许她真希望，这次期待已久的到访从未发生！期盼中的山谷之行糟糕透顶，我们缩手缩脚的，很是放不开。外婆说什么笑话我们都没反应，我们本来就不喜欢"快活的"

大人，比如欧贝尔医生那老头子，净说些莫名其妙的笑话，还假装和我们有某种秘不可宣的默契。我们有自己的乐子，也自有寻乐子的办法，再说，那些愚蠢的"殖民先驱"恶心得我们要死。

外婆提前结束了此次到访，临行前发表了赠言，说我们若是她自己的孩子，她会扯出缝纫机的皮带，狠狠地抽我们。这人真的是妈妈的妈妈吗？我们禁不住发出疑问。妈妈又一次泪眼婆娑。她心下明白，我们这会儿已经知道，她妈妈并不完美，跟生活中我们见过的所有妈妈一样，会抽孩子，吼孩子，不让任何人踩她们打扫干净又上了蜡的地板。还有那些瘦削的母亲，不光大腿瘦，而且没有胸。只有我妈与众不同，她总是很温柔，总是喋喋不休地谈论自然与上帝，然而，她不会狠心对待任何事、任何人，她说到空中飞鸟，说到它们飞落下来，从外婆的手掌里吃食，其实她说的是自己，因为那种绿色小鸟，那种蜡眼鸟，总是飞来，小小的脚像嫩枝一样，踏实地踩在她掌心里。我们敢肯定，下雨时，鸟儿同我们一样，倾听着外面的雨声。那是奥马鲁的雨，混合着大海的涛声，不同于温德姆的雨，伴着汩汩的河流之声。此时，妈妈凝视着窗外，唱起那首哀伤的歌：

> 飞进屋吧，淘气的小鸟，
>
> 大雨正倾盆而落，
>
> 若你在外面淹死了，
>
> 你的妈妈该怎么说？
>
> 你这只淘气至极的小鸟，

一点儿都不考虑我。

我肯定不在乎，

树上那只麻雀说。

那只小鸟淹死在雨中……

所以决不要说你不在乎，

因为你瞧，就像树上那只麻雀，

不在乎注定会带来淹毙的祸……

我们明白，妈妈这是唱给小鸟和我们听的，她在用唯一的方式提醒我们，有时也要听听大人的话。

斥责家人她做不到。对任何东西她都硬不下心肠。当然这也不绝对，狗活着那会儿，对我们身上的跳蚤她应该没有留过情。夜里我们常听到捏死跳蚤的声音，听到爸爸说："又一个，又一个，你得把它们的腰打折。"

外婆再没来过。没过几年，她便去世了。娘家人给母亲汇来一小笔钱，大约十五镑，她都花在了我们身上。另外还有一幅油画，黑乎乎的，画的是海上风暴。这下可好了，我们卧室壁炉上方的那幅画总算有伴儿了。那幅画也黑乎乎的，画的是一家人围着一位分娩而亡的母亲哭泣。《海上风暴》挂在黑黢黢的走道里，除了白色的浪尖与灯塔的白石，余下均不可见。

十四　娱　乐

默特尔交了个可以聊天的朋友。那人叫 P 太太，不知是寡居还是离异，就住我们那条街上的一栋房子里。她家花园乱糟糟的，未加打理的花儿都探出了铁丝篱笆外。默特尔与 P 太太的友谊到底给人知道了，爸爸说那不是友谊，而是"关系"，下命令道："禁止你和 P 太太有任何关系。"这等于说，那女人名声"不佳"，仿佛她的名声就像烹煮中的饭食，注定会释放出旋转升腾的蒸汽。我知道，很多事情都给人视作不雅，譬如"该死""好的，头儿""我的神啊""母狗""杂种"这类脏话，譬如松垮的裤子、吊带衫或背部深 V 的泳装，譬如抽烟喝酒、同男孩子外出、周五晚上在城里闲逛、看完电影后光顾馅饼摊。我一直没搞明白，P 太太为何名声不佳，因为，每次默特尔偷偷带我去她家时，她几乎一言不发，总是嘴上叼着根烟卷儿，忙着擀糕饼皮儿，我想，她定是在给很多人做饭。她会拿些吃的招待我们，再端上一杯牛奶或茶，听默特尔抱怨在家有多糟，抱怨老爸及其他种种。有时她会给默特尔一根烟，而我则满怀艳羡，看着默特尔吞云吐雾，时不时吐个烟圈。我只在园子里抽过松针卷的烟，真的烟从未沾过，不过我喜欢看老爸掏出他的卷烟纸（他管它叫"替西斯"[1]），再摆出那罐刺鼻的烟草，小心翼翼地卷烟，先用双手拇指食指捏着转动，将两头松散的烟丝抽掉后摁紧，再从左边开始，沿着卷烟纸的粘贴线一路舔过去，粘起来，拍一拍让它变粗些，然后点上抽起来，或者码放进一个罐子里。

P 太太教给默特尔的歌，人家也会觉得不堪：

· · · · · · · · ·

1　卷烟纸叫 tissues，作者父亲的发音 tishees 有异于此。

我死的时候（我死的时候）

切莫将我埋葬。

请用阿尔克大厅（Alco Hall）

腌制我的骨头。

后来我才发现，那个词原来是 alcohol（酒精），就是我们家人所说的"酒"（drink），与普通的饮料（drink）发音不同。平时我们说"要不要喝（drink）点儿什么？水？波士顿奶油还是柠檬糖浆？"而说到"酒"时，语气中既有害怕也有惊惧，外加道德评判。"他是无酒不欢啊"，或者"哼，酒！"

听到我们唱"我死的时候……"爸妈马上喊我们住口，绝不允许继续。

有时我跟着默特尔去 P 太太家，有时上城里瞧男孩子，除此之外，我就陪着点点和小鸡，一道为将来当女演员或音乐会演奏家做准备。每周六下午看了什么电影，下一周我们便演什么。我们一部电影都不落下，每场从头看到尾，先是新闻片、卡通片、皮特·史密斯特别短片[1]、詹姆斯·菲兹帕特里克[2]旅行杂谈、系列片，时间过半或中场休息后，便是"主片"了。有时我跟默特尔去

· · · · · · · ·

1 皮特·史密斯（Pete Smith, 1892—1979）：美国短题材电影制片人和纪录片解说员。史密斯颇富喜剧天才，米高梅特准他拍摄了名为 *Pete Smith Specialties* 的系列短片（本书作者说是 *Pete Smith Novelties*），从 20 世纪 30 年代到 1955 年，大约拍摄了 150 部。当时的电影实为套装，除主片外，还有系列短片、动画片、新闻纪录片、旅行见闻片等，和本书作者的描述一致。

2 詹姆斯·菲兹帕特里克（James Fitzpatrick, 1894—1980）：美国制片人、导演、作家及纪录片解说员，20 世纪 30 年代以其 *Traveltalks* 中的《环球之声》而闻名遐迩。

看电影，她很喜欢"宏伟影院"的放映员杰克·迪克森，他家就在我家那条街再向上走，屋前竖着高大的果柏木篱笆。先是伴着音乐播放奥马鲁多家店铺的广告，一律采用柔和色调，煞是好笑，接下来，电影套装即将开始。只见他穿过长长的甬道，走进舞台脚上的一个小门儿，默特尔告诉我，他去那儿是"打开声音"。未几他转身回来，沿着甬道再次经过我们身旁，去楼上的放映室。有时，我们抬头便看到他的身影，就在放映室后面，高高地靠近天花板。默特尔会用胳膊肘碰碰我说："瞧，楼上走来走去的那个就是杰克·迪克森。电影马上就要开始了。"

　　一束光直投到银幕之上，影片发出嗡嗡之声，杰克·迪克森投入地工作着。他是个清秀的年轻人，面容苍白，却不失英俊，条纹西装总是扣得整齐，跟乔治·拉夫特[1]扣得一般模样，唯一不同的是，拉夫特总演恶棍。

　　每周，影院经理威廉姆斯先生都会登台宣布各种竞赛活动，也会提醒成年观众，"宏伟影院"每周都会举办社区歌唱比赛。论到推广影片，威廉姆斯先生是很卖力的，每个系列片都组织了相应的竞赛活动。系列片我们可是喜欢得不得了，虽说不像起初那样盲信，对其故事多了些许嘲弄，但也能宽容以待。至于态度变化的原因，是我们意识到，虽然在某些集里倒在碎石机下，或者困于洞中，绝望地看着海水上涨，男女主人公却能一次次

<hr>

1　乔治·拉夫特（George Raft, 1895—1980）：美国电影演员及舞者，在20世纪30年代和40年代的犯罪通俗剧中饰演帮派分子。

逃出生天。有三部系列片令人难以忘怀:《消失的特别列车》,讲的是一列消失的火车;《隐形人》,此人按一下肚脐上的装置便能消失不见;《鬼城》,一部西部片。《鬼城》(*The Ghost City*)名字里的每个字母都刻在我们脑海里,因为每周都拿到些标有字母的纸板块儿,每个字母都出自那个名字,第一个拼全的人便能赢得头奖。大家疯狂地搜寻交换,可手里有五个 Y 或三个 C,叫人如何是好?我手里就有一大把 H。再努力都没用,我们从来没得过奖。

有一天,机会从天而降:歌剧院贴出通告,要在奥马鲁物色演员,去银幕上"大展拳脚"。我们就知道会有这一天。这种事情在电影里何止看过一次,也常在《电影周刊》中读到:(奥马鲁)小镇剧院中的选拔表演,观众中的好莱坞星探,继而便是签约,进军好莱坞,大放异彩,住进随处都有白色电话的豪宅,身着美人鱼般缀满闪亮鳞片的长裙,出席自己主演影片的首映式。

情况是这样:一家澳大利亚影业公司希望物色一位青年演员。谁不希望被人"挖掘",于是乎,我们拥进歌剧院。那位澳大利亚制片人招呼试镜者上台,想象身临矿井井口,双手合拢做喇叭状,俯身朝下喊:"小心啊,下面有炸药!"可你猜怎么着,只有寥寥数个孩子自告奋勇,上台表演。我们注视着每个表演者,心下大感有趣,满怀嫉妒和羡慕,有时也嗤之以鼻。有些人好容易撑到

1 *The Lost Special*: 全名应该是 *The Story of the Lost Special*, 是亚瑟·柯南·道尔发表于 1898 年的悬疑短篇小说。

最后却慌了神儿。有的净是出丑。唯有阿夫瑞尔·拉克森例外，他的光彩令我们眼前略微一亮。他家住在公牛围场另一边，他爹是个屠夫，平时总牵着匹马，马后拉着一辆板车，穿着条纹围裙，胸前悬着个破皮包，像个秃了毛的毛皮袋儿，里面放着钞票硬币。阿夫瑞尔个头不高，人很敦实，红发红脸膛儿，长了些雀斑，他一声"小心啊，下面有炸药！"回响在整个歌剧院里，我唯一记住的，就是他的表演。不过，他也没能拿下那个角色。有个奥克兰人试镜成功，那儿的人比我们更聪明，他去了澳大利亚，接下来就是去好莱坞，获得我们渴慕的"大展拳脚"的机会。而在奥马鲁，生活重归平静，我们继续收集《鬼城》的字母卡片，继续演上周看过的电影片段，继续创造我们的密码，继续学着跳苏格兰高地舞、剑舞、水手号笛舞和高地察吐士舞（我们叫它苏格兰舞）。

那段时间，生活不再是纵向的，而是变为一场精彩纷呈的展览会，我们急急忙忙东跑西颠，一场展示都不肯拉下；它就像这个章节，从不同视角为我们展示了实岛的风景。还有很多事情占据了我们的精力和时间，我该如何描述呢，比如，发现一家新店铺、一朵初绽的花朵、一首新歌、一个新游戏或者一个新名字，我们都激动不已；此外还有新消息，比如"你能在火腿厂花很少的钱买到猪骨头""你可以在水果店买带疤的水果"。请给我称三便士带疤的……

我们还会光顾奥马鲁的某些区域，在那里，人恍如回到往昔，感到不寒而栗。泰恩街那边，破败的粮店随处可见，有几栋高大的石头建筑窗户破烂，早已无人居住（真是《鬼城》!）；奥马鲁邮政局附近是煤气厂，我觉着它之所以还存在，就是为了方便政府处理猫狗，而煤气这东西，就只在想自杀时才会派上用场。奥马鲁的那一片儿，铺路石间野草离离，我觉得，自己仿佛是到了伦敦，因为历史课本有章一开头就说，"伦敦街上荒草萋萋的时候"，那座城市也是抓壮丁队[1]的发源地，见证了伦敦大火与黑死病。我似乎在脑海里听到了那声呼喊，就写在历史课本那幅栩栩如生的插图下方，"把家里的死人抬出来，把家里的死人抬出来"。

尽管我们的游戏花样无穷，却不大乐意带布鲁迪玩，万一他发病倒下可怎么办？知道自己不受待见，他便转而从考克特街垃圾场淘来些宝贝，那些游戏和演剧的必备之物，从而一步步建立起自己的权威。因为霸着过家家的家具以及演戏的道具，他便自封为房东和舞台经理，我们也乐得让他扮演后一个角色。还别说，他很会安排事情，且对数字极为敏感。有时，他这个房东会发出威胁，要将我们扫地出门。这在"真实"生活中也是常事，他不过是照猫画虎一番。每月账单寄到，爸爸会大声报出我们面临的所有恐惧，其一便是交不起房钱给赶到大街上，不过，每个月妈妈都会穿上最体面的衣裳，去李-格雷夫-格雷夫律师行交房租。

布鲁迪最受青睐的淘来品，是深红色天鹅绒窗帘，

. . . .

在凉亭那儿演戏时可充当幕布。布鲁迪还能为《诚实的雅各布》一剧提供"金子"，即一条亮闪闪的黄铜链子。那部剧是我们依着旧课本中的故事改编的，讲一个人在面包里发现了金子，便将它还给了面包师。它告诉我们，什么叫诚实。另一部剧同样改编自课本，名叫《休·埃德尔与托伊尔先生》[1]。那故事可是吓人，讲一个逃学的小孩儿，在镇子上碰到的每个人，都像是校长托伊尔先生的孪生兄弟，而实际上，那就是校长本尊。这故事宛如噩梦，对休·埃德尔如此，对我们亦如此。

短剧上演时，中间会穿插些歌曲，譬如《破晓》《幽幽深林》《马坦吉，你可以起航》，还有一首令我心惊，叫作《温柔的斑鸠在你的巢中呢喃》：

> 轻摇的榆树上你暂作休憩，
>
> 我渴望目睹你轻柔飞翔，
>
> 展开你雪白的翅羽……
>
> 每日劳作时我听你鸣啼，
>
> 温柔的斑鸠，
>
> 我想带给你快乐，
>
> 用这支充满爱的小曲。

这首歌令我心下骇然，因为唱起它时，我觉着自己就是唱给那斑鸠听。唱到"每日劳作时我听你鸣啼，/温柔的斑鸠，/我想带给你快乐/用这支充满爱的小曲"时，我觉着，自己又没有"干活儿"或"劳作"。那么，这首歌

1　Hugh Idle and Mr. Toil: idle 意为"懒散"，toil 意为"勤劳"。

一定是属于妈妈的，在我眼里，她从早忙到晚，不像我爸爸总在火车上，她能时不时倾听窗外小鸟的啁啾。因此，每当唱起这首歌，恍惚间自己就变成妈妈，忙着手头的活儿，心中孤寂而忧伤，只有斑鸠的歌声聊可慰藉。

我们还朗诵心爱的诗歌，比如"梅格是个吉卜赛老妇""夜里我遇见睡王子"，而默特尔会唱令她倾心的歌曲，比如"在泥炭火光中"[1]，比如"吟游少年上了战场，/他的名字在阵亡名单上"，[2]仿佛那吟游少年是她的一个男性朋友。我也拿不准，不过觉得有可能。

爸爸也找到个乐子，以打发天黑后的时光。他常常瞄着点点，故意唱起她最怕听的那首歌：

> 求你别下矿井去，爸爸，
> 噩梦常会变成真。
> 爸爸你要是出了事，
> 你知道我会多伤心。

仅此一段便足以造成意料中的后果：伊莎贝尔大哭起来，爬到桌子底下。我们晓得，爸爸也晓得，她深爱着爸爸，一想到他会死在井下，便无法忍受。到了这时，爸爸便会取出战场上带回来的防毒面具，戴在脸上，一步步朝小鸡走去，想着要吓她，因为人人都知道，她最怕这个，一看到这陌生的怪家伙逼过来，便跟点点一样哭叫着躲起来。他跟我玩的游戏，是让我立在房间中央，好让大

. . . .

1　此句出自苏格兰民歌《泥炭火焰》。
2　此两句出自托马斯·莫尔所作爱尔兰爱国歌曲《吟游少年》。

家都看到我脸上肌肉的抽搐与痉挛以及我做的各种鬼脸，我越想止住就越止不住。爸爸会揶揄道："瞧瞧她，瞧瞧她啊，她这是犯了圣维特斯舞蹈病[1]吧。"

有些夜晚要快乐些，虽然不像在温德姆时那样好唱歌，爸爸有时也会一边唱：

> 我倒想要个全熟水煮蛋，
> 我倒想要个全熟水煮蛋，
> 我倒想要个全熟水煮蛋……

一边跳他的"全熟水煮蛋"舞；或者载歌载舞，来段儿"雷格泰姆牛仔乔"，很受大家欢迎：

> 在遥远的亚利桑那，
> 那歹人出没的地方，
> 唯有一颗暗夜之星，
> 给你指明前进方向……
> 迄今最野最强的人，
> 是雷格泰姆牛仔乔……

雷格泰姆牛仔乔，他不就是爸爸吗？看着他表演，甭提我们笑得有多欢！

日子就这么过着。眼看我就要满九岁了。有时，全家人会陷入绝望，妈妈会仗着胆子说"当初就不该离开温德姆"，爸爸也点头称是，但对我来说，生活中总留有

. . . .

1 St. Vitus Dance: 一种神经性疾病，其症状为身体不同部位肌肉不规则的非自主运动，为链球菌感染所致。

一块未被触动的地方，它依然完美，那就是门外的世界，是流转的四季。鲜花仍旧依时盛放，蒲公英种子或者说毛球从来都能飞上天空，街角两位达灵小姐家那儿的白杨树变了颜色，树叶日渐稀少，杰克·弗罗斯特再次光临（小心他，可要小心他），专搞我们的手指脚趾。天空，云朵，我的影子，它们始终在；夜晚我走月儿跟我走，我停它也停；我想起老梅格：

> 她只要紧紧地盯着月亮，
> 就可以不吃晚饭。
> 巍峨的峰峦是她的弟兄，
> 落叶松是她的姊妹。
> 她与一大家子人独处，
> 生活得称心快慰。[1]

也想起默特尔钟爱的诗，"夜里我遇见睡王子"。

十五　加西与因弗卡吉尔进行曲

在学校我煞是孤独。我渴望做梦都不敢想的礼物，想要娃娃屋、睡娃娃，想开生日派对，身穿华服丽裳，脚蹬漆皮纽扣鞋，而不是那种系带皮鞋，后跟、鞋底死沉死沉，更有那些个鞋头铁片。我渴望一头浓密的长发，好用手撩开说："瞧我的头发，动不动就遮了眼睛……"

. . . .

1　这里参用了屠岸先生的译文。

而非一头红色小卷儿，竖在头上就像"灌木丛"，人人见了都会讲上两句。

我很想波普伊，想探出篱笆给我们摘下的花，虽然读了《格林童话》后，我脑瓜里又积攒了许多故事，比如我珍爱无比的潘多拉故事、珀耳塞福涅与石榴籽的故事，后者写得生动逼真，那石榴咧开了嘴，鲜红的石榴籽儿汁水流溢，任谁见了都不免食指大动。还有讲述澳大利亚沙漠、中非与南非的故事。如今，作为奖励，每个孩子年末都能得到一本书，有的故事就是来自那些图书的。伊莎贝尔那本《快乐的旅人》（大约是《坎特伯雷故事集》的青少版）中有个残疾人，只能跳着走，我们将他的故事编入剧中，很受大家欢迎。我们还编了个独腿跳跳舞，取名叫《摇响小铃铛》[1]：

　　摇响小铃铛，

　　独腿跳跳人，

　　翻越那山岗。

　　神奇大陶罐，

　　瘸腿小男孩……

忽有一天，心怀不满与渴望的我竟给调入四年级，进了加西，也就是鲁本·迪莫克的班，而且莫名其妙地成了老师眼里的"红人"。照以前，"红人"向来没我的份儿，

. . . .

1　原文是"Ring a Ding Dill"，其创作似乎参考了爱尔兰酒歌《苏格兰佬的格子裙》的合唱部分"Ring ding diddle diddle i de o/ Ring di diddle i o dill"，无法翻译，只能创造。

他们要么是些个衣着光鲜的漂亮小姑娘，系着与头发甚为相配的干净发带，要么是些个彬彬有礼的小男孩，穿着浆洗干净的衬衫，虽然时不时听到妒忌与不善的讥语，却能不动声色，自信满满地扮演自己的角色。上学路上，常看到"红人"跟在老师后面，一蹦一跳地生怕落下；在学校里，净看见老师习惯性地转向那"红人"，让她或他拿这搬那，冲她微笑，指定他为班长，有权使用带钩长杆开窗户，或者发还改好的作文，那些《我的冒险》《我的假期》之类。

上四年级了！这事儿令我好生自豪。加西授课时，常让我坐在他膝头，有时会特意安排一张小桌子，放在教室最前面，让我和他的小儿子一起坐，大家都知道，那男孩患有"唐氏综合征"，我可以辅导他功课。有一天，加西让我们写首诗，第一句他给好了，"日头落山暮色将临"。

那天晚上，平生写的第一首诗激发了我，令我首次提出自己的写作艺术观：

> 日头落山暮色将临，
> 夜的暗影触摸天际，
> 目睹倦鸟展翅归巢，
> 便知是时候去休息。
>
> 孩子结束一天玩耍，
> 兔子奔回自己巢穴，
> 微星露头偷窥之时，
> 便知是时候去安歇。

写好后我读给默特尔听，她提出一点意见，坚持说"触摸天际"应改作"渲染天空"。对此我不以为然，她却不肯让步，说写诗时有些词儿不用不行，描写"夜的暗影"时，你就得说"渲染"，就好比写星星时，你就得说"闪亮"或"眨眼"，写海浪就得说"冲刷"，写风就得说"呼啸"。就算她固执己见，我依旧喜欢"触摸"，瞧不上"渲染"，不过，她显然更有智慧，比我懂得更多，为表示尊重，把诗交给老师之前，我将"触摸"改为"渲染"。不过，后来写进笔记本时，我还是我行我素，将那词儿改了回来。

这就是首小孩子的诗，它大受欢迎，因为谁都想得出来。加西把我放在膝头，开始给全班朗读，读到每一节最后一行，全班就跟着他一起念，因为那句大家都猜得出。这事儿我是那天晚上才发现的，当时我跟全家人"分享"成功的荣耀，接受他们自豪的赞美，爸爸欣然承诺，要从机车工头办公室拿一本铁路笔记本，让我多写诗记下来。爸爸在火车司机工会里当秘书，会员交纳会费的账目都登记在铁路笔记本上，那本子每页侧边均呈现大理石色，煞是好看，整个侧面合在一起，便形成大理石花纹，看得我如痴如醉。爸爸还有别的书本，同样令我痴迷。比如说风笛乐谱，有着特别的黑体印刷以及代码符号，我们照它"演奏"，说白了就是翻看或依着它胡指挥一气。直到有一天，它跟家里几乎所有我们碰过的物什一样，给我们"磨烂了"，或者用大人的话说，给我们"毁掉了"，扯得乱七八糟，缺张少页的，还给画得一塌糊涂。再有就是那本虫形钓钩集，真皮封面带着咸腥味儿，脏兮兮地粘着几片鱼鳞，册页是羊皮纸的，厚厚一大本，合上时要用橡皮筋箍好，每页上都挂着色彩斑斓的虫形羽毛钓钩，每只钓钩都有迷人的名字，譬如红尖总督、格林威尔之光荣等。到了夜里，爸爸常坐在桌边，翻看他的钓钩集，每翻开皲裂的一页，嘴里便念念有词，读出一个钓钩的名字。这本册子我们从不许碰，只能趁他"翻阅"时，越过他肩膀偷瞄几眼，或者在它合上时，用手感觉一下它的体量。在煞有仪式感的游戏中，我们有时会说："我想应该拿出我的钓钩集了。"我们还自制册子，费力地将书页缝到一起，再从城里的墙纸店买来边角料，给它蒙上封面。

为公平起见，几个孩子都会得到笔记本，竟然是货真价实的，这样我们就能写诗，能编页码和索引，想到这儿，大家幸福得一阵眩晕。词语令我们饥渴。观看音乐片时，因为听不清歌词，我们备感煎熬；有一天，默特尔弄了本小册子回家，里面全是流行歌曲的歌词，我们那叫个兴奋。一两年前，我正沉溺于"牛仔和囚徒"主题，当时，在自制的笔记本里，我记下忧伤的牛仔歌歌词，譬如"马车轮子散了架，再也转不动""墙上挂着辔头，蹄铁在空空的马厩"，还有波普伊教我的"囚徒"歌，教我时的那副神态，仿佛那歌是她的专属，让我想起她跟我讲《格林童话》，仿佛那书是她的专属。

　　惨白的月亮洒下清朗的光，

　　照在徘徊我窗前的爱侣身上。

　　他们欢快的笑声令我泪水涟涟，

我这囚徒唯有月光和天空做伴。

波普伊跟我说这首歌是在一个晚上，当时，我俩正在她家隔壁房子里玩。那是栋烂尾楼，地基和框架裸露在奥马鲁夏月的清辉下。我们是冒着给投进监狱的风险到那里玩的，这不，有一天，那家主人发现了我们，尖声叫道"快走，你们。快走，你们"。我们给吓了一跳，那房子不该是我们的吗？因为这个，我们管那人叫"快走你们"。"今儿我瞧见'快走你们'了。"

多亏加西的关照，我不但学业突飞猛进，体育成绩也脱颖而出。加西坚信，每个孩子都天赋异禀，老师的责任便是给孩子们机会，去发现自己的天赋。无论在课堂里还是在运动场上，加西都有股疯劲儿，做他的学生意味着参加赛跑其实是参加训练，看看你是否够格，加入奥林匹克代表队。对那些反应慢、不自信的孩子来说，阅读课是巨大的折磨，大声朗读他们根本做不到，然而他们发现，自己也许会成为奥运冠军，也许"擅长"园艺或手工活儿。加西一再强调，这些能力同样重要。受到这番鼓励，有些孩子找回了自信，居然能够大声朗读了，还背得出各种算术口诀表。尽管加西教导我们，人人生而平等，人人生而特殊，我依旧感觉不到做老师红人的快乐，我不具备此角色该有的素质，从未弄清他选我的缘由，除非他认定，要治好我面部的痉挛和心中的恐惧，这是唯一的办法。他带给每个人启迪。在家我们模仿他的声音；身为校长第一助理，每天早晨，他都高喊行军口号，"一二一，一二一"，带领我们大踏步走进校园。而厄内斯特·凯尔克特则把鼓挂在脖子上，敲击着为我们鼓劲。我们还学他发令时的口吻，说"各就各位"时的腔调，说得那么脆，却又透着沉稳。接下来是"预备"。他的"预备"没有添油加醋，不像我们的，为了制造悬念故意拖长。然后便是短促有力的"跑"。我们训练的另一个目的，是参加校园体育日，届时，北校与南校将展开比拼，为获得"小学体育奖牌"而战。各校队伍将在奥马鲁铜管乐队的引领下，在《布基上校进行曲》《因弗卡吉尔进行曲》的乐声中，绕检阅场阔步行进。我们会说"现在到了主席台"，胸腹间再次涌动激越之情。"现在经过外侧……"然后，"哒—哒，哒哒，哒哒哒"，响起了《因弗卡吉尔进行曲》。

我参加了接力赛。还比了三级跳远：单腿、跨步、跳。在无障碍赛跑中，发令枪一响，我便全速飞奔，可就是搞不懂，我拼了命地跑，为什么总是第三第四，而不能得第一。我心里明白，自己的腿拼尽了全力，我受的教导也一直是，只要竭尽全力，你就能赢。人人都跟我们说要"尽力"，跟我们指出伟人们的成就，意思无外乎，他们之所以成就伟业，全在于不遗余力地奋斗。学校生活充满竞争，一旦尽力去拼，你就是赢家；人人嘴里都是这番说辞。我先是感到疑惑，后来就明白这不是真的。比赛中我跑得不能再快了，这话一点不假。我

· · · · · · · ·

1 《布基上校进行曲》：为有"英国进行曲之王"之称的军人作曲家肯尼斯·约瑟夫·阿尔福特创作于 1914 年，1957 年在电影《桂河大桥》被采用，改编为主题曲《桂河进行曲》，此曲因此广为人知。

懂了，没赢的真正原因，是我没有奥黛丽·尼莫的大长腿，也没有舞蹈冠军如玛吉·罗伯森或南校的比阿特丽斯·迈克菲那般超常体力。

即便是加西本人，也动不动叮嘱我们要全力以赴，并且或明或暗地承诺说，我们定会拥有梦寐以求的东西。那一年，我迷上了布道辞。每天上午都有圣经课，由本地牧师讲解经文，一上就很久。论听课，我一向是全神贯注，可说到收获，更多是来自赞美诗，它们可以唱出来，很是吸引我。比如《远方有青山》和《万物明亮而美丽》（严格来讲被视作小学生的歌）。"耶稣基督真乃我们挚爱。明媚的蓝天上有一位幼童的挚友……"我哼唱着"有一位幼童的挚友"走进家门时，发觉妈妈脸色阴沉。这首歌承诺天堂，而妈妈信奉的弟兄会则笃信，天堂在凡间，而非在天上。妈妈跟我讲，人死后会躺在坟墓里，直到基督重临，死者复活，面对末日审判（我觉得，审判日是天堂版的体育节，就像奥马鲁铜管乐队吹奏《因弗卡吉尔进行曲》、风笛乐队吹奏《赴岛之路》那般热闹）。妈妈还说，死者复活后与生时无异，为主判定为信者与不信者，凡不信之人，则再次处死，永不得超生。

"那是不是每个人复活日那天都会醒来呢？"

"是的，每个人。"

"奶奶也会？"

"那是自然啰。"

"那动物呢？比如老猫、莱西和莱迪。"

"神的王国里可没有动物的位置。"

不是所有生灵都能容于天国，这点我难以接受，便也无法认同妈妈的信仰。"老猫、莱西和莱迪定是有位置的。"我就是不明白，妈妈世界观如此开明，又如此热爱"生灵"，却会将它们排除在天国荣耀之外。

岁末将至，我接到通知，我与四年级另一个班的一位女生，同被评为校级优等生。有人嘀咕，说我是加西的"红人"，自然会选上。也许说得对吧，我的功课加西一向抓得很紧。学期最后一天，我穿了件带披肩领的白色长裙（那领子是波莉姑姑寄来的），上台领取金质奖章。下得台来，我突然一阵心慌，觉得别在胸前的奖章似乎不见了，当时便三步并作两步跑回台上，在地板上一通好找，到头来意识到，奖章安然无恙。这下全世界都知道了，荣获优等生奖章我有多得意，想到这个，我就有多无地自容。

我心里明白，拿到优等生让老爸很开心。其实我也很开心，因为此前每天回家，我都眉飞色舞地讲述四年级生活的点滴，听多了爸爸就说："那么，你该会弄个优等生当当吧？"

一切都重归平静后，我才想起，奖章颁发到我手里时，还附有一个信封，里面装着奥马鲁公共图书馆一年的免费借阅证。那间图书馆也叫奥马鲁雅典娜俱乐部[1]，还被称为奥马鲁机械学院。虽然对 Athenaeum 为何一知半解，我还是得意地说："我可以免费去雅典娜俱乐部

. . . .

1 Athenaeum: 意为雅典娜神殿、古罗马雅典娜学校、科学或文学俱乐部、图书馆或阅览室。

了。"放假后的一天，我去机车工头办公室给爸爸送午饭，一个热热的馅饼，无意间听到他说："我闺女可是雅典娜俱乐部的常客。"

十六　雅典娜俱乐部

雅典娜俱乐部是栋二层建筑，位于泰晤士街。一楼是博物馆，陈列着装在盒子里的岩石标本、动物骨头、绿玉，还有本地鸟类标本，其中有只标明已灭绝的异喙垂耳鸦，立在楼梯脚。护卫它的是只重塑的巨恐鸟，体形硕大，两个眼珠跟玻璃球似的，同样标明已灭绝。二楼是图书馆，管理员铁边小姐（Miss Ironside）的名字呢，我估摸啊，跟她待的地方有关，她总坐在铁格栅后面，办理图书借阅与归还。青少部贴着"十四岁以上，二十一岁以下""请保持安静""请勿撕下书页"等标语，图书占了整一面墙，推窗望去，便是泰晤士街。

"图书"指的是专供人阅读的书籍，绝大多数是英语的，与我熟识的其他书本殊为不同：爸爸的风笛乐谱和钓钩集，他的工会小册子；上帝之书，就是那本弟兄会的大部头，书中的插图里，上帝在旋转的云朵和闪闪的雷电中显露真身；《圣经》；《医生手册》，内有儿科疾病诊疗方法，还有一章讲妇女分娩，插图上的女人正在"用力"，双手死死抓住滚筒毛巾般绑在铁床头上的被单；页面色彩淡雅的签名本儿；数本生日书（比如妈妈那本惠蒂尔生日书）；我们数不清的自制书；学校课本儿；

再就是玛吉姑姑的"针簿"，一页页都是法兰绒布，一根根绣花针整齐地别在上面。

"妈，去图书馆我该借些啥书啊？"我问道。面对那里书的海洋，我突然意识到自己很无知，心中充满敬畏。该选哪些书呢，我感到茫然无措，只知道死抓着《格林童话》《校刊》以及业已熟识的诗歌，同时打心底里又不乐意读"儿童读物"，虽说那是小孩子的必读书，譬如《爱丽丝漫游奇境》《柳林风声》《彼得·潘》《如此故事》等。听我这么问，妈妈可来了劲儿，朗声说道："这个嘛，马克·吐温，也就是塞缪尔·克莱门斯的《傻瓜国外旅游记》，还有《汤姆叔叔的小屋》，还有《大卫·科波菲尔》，是狄更斯写的，对了，孩子们，他还写了《圣诞故事集》，'今夜真够冷的。'妖王说道[1]。"

新到手的图书证惠及全家人。我给布鲁迪借回《威廉故事书》[2]，几个孩子都爱看。我还找到了《格林童话》，红封皮，薄纸页，字印得密密麻麻，跟波普伊借给我的那本一模一样。给爸爸呢，我搜到本西部小说，给妈妈借了狄更斯，尽管没工夫读，她还是抚摸了下封面，继而打开书，随意翻动着书页，遇到精彩的描写便大声朗读出来。"孩子们，狄更斯可真了不起，出身贫寒，却成了伟大作家。"《格林童话》我又读了好一阵，最终鼓起勇气，拿起了其他书，譬如"邦珀男孩儿女孩儿故事系

· · · · · · · ·

1　这句话出自狄更斯《匹克威克外传》，是其《圣诞颂歌》的前奏。弗雷姆母亲的引用跟原文有出入。

2　英国作家里奇马尔·克朗普顿的儿童读物。

列"[1]"寄宿学校读本",同时多少还在读默特尔的《真实告白》和《真正的浪漫》。

暑假到了。我没完没了地玩，幻想，在园子里、山丘上、深谷间游荡。我告别了奥马鲁北区学校，憧憬着初中生活：学法语，学代数几何，唱歌，听人读新的诗歌。初高中共用的道具室设在初中部，堆满了布景、服装和面具，默特尔一样不落地描述给我听。学校里的老师她也一一道来，令我耳熟能详。特别吸引我的，是法语课本里的一家人，马塞尔、丹尼丝以及他们的父母，德格朗热先生和太太。要知道，我已经在努力学习法语课本了。

然而，上初中就要穿特制的校服，而且跟奥马鲁北区学校不同，这是强制性的，包括褶子统一的浅灰色法兰绒束腰外套、冬帽夏帽（黑色贝雷帽或黑色呢子帽，有统一帽边饰带的巴拿马帽）、白色棉布和灰色法兰绒的夏冬短衫、黑色长袜、黑色裤子、黑色鞋子，外加上体育课穿的运动鞋。多亏了我那枚优等生奖章提醒了亲戚们，弗雷姆家的姑娘们要上中学了，也许需要些穿戴，于是，波莉姑姑和伊瑟姑姑一起寄来个包裹，里面是各式各样的衣物，散发着"姑妈的味道"。颜色也够"姑妈"的：褐色、紫色、紫褐色、深蓝色。我们分了分，可离上学需要的行头还差得远。妈妈壮着胆子，跟霍奇斯布行的老板提出"赊账"，买了些灰色法兰绒，看能不能做件束腰外套。结果，做好了一看，简直不伦不类，

· · · · · · · · ·

1 Platt & Munk 出版公司出版的一系列儿童读物。

缝得乱七八糟，外观堪称灾难，既不像外套，也不像裙装，上衣抵肩裁剪得很奇怪，令我短衫前部的隆起一览无余。隆起是因为我正在发育，做大一些能多穿几年。我知道我这件校服外套很"滑稽"，可当时年龄小，也没当回事儿，满心里都期待上新课，期待马塞尔和丹尼丝，期待读默特尔初中读的那首诗："当会唱的人放声歌唱 / 词语的鸣响熠熠闪光。"

十七 身着白色锦缎

初中一年级的班主任是罗曼斯小姐，不过大家都叫她艾丽斯·比阿特丽斯。用当时的话讲，她这人很"浪"，"浪"的标志呢，譬如喝雪利酒、打桥牌、混派对，她一样不落。而且呢，她穿着一双高跟鞋，人长得煞是俊俏。

我对初一的印象很淡，只记得罗曼斯小姐很"浪"（具体的行为我从未亲眼得见），还有就是，她身着黑色长袍走进教室，摆动双肘，似乎是在飞翔。此外，我还记得学习的快乐，无论是学法语单词、歌曲，还是科学仪器或用品（譬如本生灯、石蕊试纸）的名称。再就是烹饪课上制作柠檬西米露、千层酥、奶油苏打饼干。我们还学习如何擦洗木头桌，如何缝纫，用一成不变的圆针和克拉克绞棉线绣花。这些材料都得自己买，而每次央求爸妈时，总是得到同样的回答："你还不如去纱厂上班儿呢。"最终他们还是妥协了，不仅因为那枚沉甸甸的奖章，也因为他们做父母的梦想。"以后啊，她一定也会当老师的，跟移民加拿大的佩格表姐一样。"

1935 年，工党首次上台执政，承诺建立社保制度，施行全民免费医疗，住院再也不用花钱了。若不是逢此巨变，上学用具如圆针、绞棉线、钢笔、铅笔、笔尖、吸墨纸、圆规、三角板、量角器、直尺、"留边横线"（ruled feint with margin）练习簿（爸爸就此打趣，说"要花这么多钱，自然要晕倒了[1]"）、日记本套、日记本夹真就难以为继了。我家欠医生和医院的费用堪称巨款，早已归还无望，爸爸这个神钓手时常将捕获的三文鱼、鳟鱼、银鱼和小龙虾送上门，求人家暂缓追债。工党当选执政不啻为基督重临，我们家欣喜若狂，由衷地敬仰新总理"米奇"·萨维奇，将他的巨幅照片钉在厨房墙上。那幅照片一直没取下，直到我家搬离伊甸园街五十六号。即便是二战正式打响，米奇·萨维奇的照片也只稍微挪动了一下，给插小红旗的世界地图让了让地方，"红旗标志着盟军每日的进展情况"。

《社会保障法案》最终通过。听到消息的那一刻，父亲登时手舞足蹈，全家人也跟着狂舞起来。他赶忙从座钟后取出一叠账单，再从火炉边的挂钩上取下通条，掀起炉盖，把账单一股脑丢进火中。我妈娘家姓戈弗雷，而戈弗雷家的人出了名的"爱掉泪"，我妈自不例外。这会儿她喜极而泣，而我们小孩子则效仿牛仔，"喔喔"地欢叫着。打那天起，政坛上的男女英雄，比如米奇·萨

1　晕倒的英文是 faint，与浅横线（feint）同音。

维奇、约翰·阿·李（因为是作家而尤其受人爱戴）、鲍勃·森普尔、梅布尔·霍华德、帕迪·韦伯，都一一登场，在我们心目中占据了重要位置，堪比朗费罗、狄更斯、马克·吐温、约翰·格林利夫·惠蒂尔、佩格表姐、戈弗雷家以及乔伊斯、弗雷泽、纳什家的先人们。几年后，我家赊账买了部无线电收音机，正赶上议会辩论直播，妈妈一边忙着永远忙不完的家务，一边调到议会频道，时不时发表一两句评论，每位发言人讲话完毕，她便赞一句"好人"或斥一句"坏蛋"，谈起议员来总是直呼其名，说到他们那叫一个亲热，就连我家的老朋友、老邻居沃克夫妇，约翰和贝西，也没这个待遇，一直给称呼为沃克先生、沃克太太。不过，不同于那些议员，沃克一家逢年过节会来看望我们，女儿结婚时，还被送到我们这儿度蜜月。

在怀塔基初级中学读初二的那年，我暗自决定，长大后要做个诗人，于是开始经常性地在小小的铁路笔记本上写诗。我们班老师喜欢诗，这重新点燃了我对诗歌的热情。她致力于教我们像朗读诗歌那样抑扬顿挫地说话，于是选了很多动人的诗篇让我们学，并且要背诵。她指望我们唱歌般地说话，对此我不敢苟同，不过我向来酷爱歌曲，有些诗一唱出来，我便仿佛陷入一个辽阔无边的世界，这世界与老梅格、乞丐和流浪者以及天使的世界，与波普伊、独腿跳跳人、十二个跳舞的公主、操场上的歌曲的世界，都有交集，好似海边潮水沉痛的呻吟，E pare ra。此外，林赛小姐常常一连数小时朗读丁尼生的《国王之歌》，仿佛朗读自己的作品。大约为她的投入所触动，认真倾听之下，令我惊叹不已。时至今日，她的样子依然在我眼前：双眸凝视着教室的门，似乎凝视着一泓湖水，口中念道，"手臂扬起……身着白色锦缎，神秘而惊艳……"仿佛那是她亲身所历，仿佛亚瑟王那柄镶嵌宝石的神剑（"整个剑柄闪耀钻石之光，/ 黄玉光华万道，橘红石 / 加工成精美的宝贝"）是她生活的一部分，她跟贝德维尔爵士一样，都不愿将其放弃。她亦伤悼亚瑟王之死，那情状与我们眼中的林赛小姐毫不相配。她太普通了，一身褐色衣裙，那张脸有拼凑之感：

> 呼唤他的名字，高声恨地怨天，
> 伤恸的泪水滴落在
> 沾染黑色血污的眉间。

林赛小姐同样生动地勾勒出最后一个吟游诗人的形象："路漫漫啊，寒风刺骨 / 吟游诗人啊，老迈虚浮……"[1] 于我而言，那个世界里，城镇与王国都是崭新的，属于历史课本中不曾谈及的历史。历史课本宣扬一成不变的人物观，国王和领袖们好就是好、坏就是坏、弱就是弱、强就是强，其所作所为始终都如是描述。而亚瑟王、最后的吟游诗人、威灵顿公爵（"来的那人是谁，像一个尊贵的客人？"[2]）的世界则迥然不同，如何看待其中的人

. . . .

1　此二句出自英国小说家、诗人司各特的长诗《最后一个吟游诗人的歌》。此诗有曹明伦先生的中译本（1988 年），乃湖南人民出版社"诗苑译林"丛书之一种。
2　此诗句出自丁尼生的《威灵顿公爵之死颂》。

物，如何感受他们，全凭读者自己，或者说，诗人邀请读者评判人物时，可以完全无视历史。我们是诗人的客人，而他的世界就是他的王国，正如一首诗的题目所言，《词语的鸣响》是赴那王国的正途：

> 当会唱的人放声歌唱，
>
> 词语的鸣响熠熠闪光，
>
> 歌手将它们一一唱响，
>
> 歌曲的魅力漫天飞扬。

林赛小姐为我解开了这别样世界的面纱。我们都取笑她，说她长了张母牛脸，脖子下面有垂肉，穿一双怪模怪样的尖头鞋。可就是她，胸中却蕴藏着日与夜下涌动着的无言情感，那情感就像蚯蚓一样，只在淫雨霏霏时才拱出地面。这种种情感虽是隐秘之物，这块崭新的土地却能泰然接纳之，毫无震惊或恐惧，亦无复仇之欲或惩罚之需。然而，这片土地亦是私密之地，林赛小姐朗读如下诗行时竟都描绘过：

> 这地方
>
> 无人踏足，
>
> 自创世之日起
>
> 无人光顾。

我一回家就讲学了哪些诗，反复背诵，乐此不疲，妈妈听到后，便如游子看到了久违的故乡。我宣布说："我们今天学了《敲响狂野的钟》。"妈妈惊得张大嘴，显然识得这首诗，她马上接口道："向狂野的天空敲响狂野的钟，/ 疾飞的云朵，霜冷的光……"这当口，默特尔也插嘴进来："'旧年将逝，任它死亡……'这诗我们学过的。"她最近才沦为游子，说这话时，一副怀旧的口吻。只要让默特尔意识到，《吟游少年》《夜里我遇见睡王子》以及《一二三四五》[1]这些诗歌自己都耳熟能详，她心里就感到踏实，满满都是劲儿，这是她当下生活所缺乏的。她正迈向成人世界，不断跟父亲争吵，跑出去跳舞，瞧"宏伟影院"的放映员杰克·迪克森放电影。我跟家人说："我们还学了《最后一个吟游诗人的歌》呢！"闻听此言，妈妈大声道："哦，哦。沃尔特·司各特爵士。《最后一个吟游诗人的歌》。"

　　大体上讲，新发掘的及久已湮没的诗作，最得她青睐。她痴迷于"审判日"，因为面对无尽的黑暗与失落，它将创造无限的光明与启示，而上述诗作合她的心意。这种至为单纯的情感，驱使她同情一切遭到丢弃、抛弃和轻忽的事物。虽然拒绝给动物以"天国"中的位置，流浪猫、受伤的小鸟却出现在她的诗作中。此外，她还书写荒弃的花园和屋舍，书写那些曾经的日子，她对主题的选择也影响了我。我书写"过去的时光"：

> 松林轻摇而低吟着，
> 温柔的风轻抚枝叶，
> 从早到晚忧伤孤寂，
> 带回来甜蜜的回忆。

. . . .

1 《一二三四五》：一首法语童谣。

两个诗节后，全诗以如下诗行结尾：

> 一段回忆，半已淡忘的日子
> 满眼都是明媚的春光，
> 由轻摇的树木叙说着，
> 松林低吟。

周围的事物我都信手拈来，引入诗行。我写沙子，写天空，写树叶，写彩虹（细心地列举出具体的颜色：橙色、黄色、红色、淡紫色、可爱的绿色蓝色）。我还写过玛丽王后和枫丹白露宫：

> 哦，哀伤的王后，愿你能在这儿
> 观赏落日，那一抹美丽的浅红，
> 你坐在池塘边，手捧书本，
> 或是躬身从水晶杯中啜饮。
>
> 时事艰难，笑容难现，
> 满眼都是流血与死亡，
> 无心观看雨后的蓝天
> 或者夕阳西下的景象。

我笔下还出现过一条神秘的船，"透过湛蓝的双眸凝视它，/ 凝视那古老古老的神秘之舟。"

我的诗少不了写妈妈，她对母亲这一身份甚为尊重，且从中获得灵感，创作了大量诗歌。她时不时提醒我们关注身边的"流浪者"，"可别忘了，她也许是谁的妈妈呢！"

我享受在铁路笔记本上写作的感觉。我给自己的诗作编了索引，还记得最前头的一部分：

> 斯科特船长。
>
> 沙子。
>
> 一种渴望。
>
> 我的彩虹……

我的诗杂糅了多种元素，有对"诗性"语汇的传统理解，有记录于其他笔记本中的牛仔及监狱歌曲的影响，有默特尔带回家的流行歌曲小册子的内容，有父母及祖父母唱过的歌曲。我感到了父母赞许的态度，益发笔耕不辍。妈妈看到一样东西正在萌发，那是她生活中业已失去的，为此她曾深感悲伤，懊悔不已：她本应该能出一部书的。新西兰的报刊上常有英国斯托克威尔出版社的广告，她看到后，便寄去了一部自己的诗集。人家觉得不错，决定出版，妈妈高兴坏了，可听说要一笔出版费，而她根本付不起，便怎么也高兴不起来了。她心里明白，这笔钱自己永远拿不出，可即便如此，还是可以时不时得意地说："我有一部诗集，人家英国伊尔弗勒科姆的斯托克威尔出版社都愿意出呢！"她曾获澳新歌曲创作大赛头奖，却无法搞定版权；虽然给版权局递交了所需资料（"那首歌我曾提交了版权申请的"），却发现申请费她交不起，致使那首歌始终未获版权。不过，至少她弄清楚了那些流程，她时不时会提起这事儿："那首歌我申请过版权的。"岁月流逝，那段回忆中的苦涩变淡了，带给她的是越来越多的满足："就这首歌，我还跟版权局接洽过呢。"

妈妈亦会提到"伦敦舰队街"，那地方也曾承载着她的梦想，而且，她之所以容忍我们看漫画书，很可能是因为我们发现，那本漫画末页用小字印着"伦敦（邮政编码E.C.4），舰队街，法灵顿大屋印刷"。得知这一发现，她欣喜若狂，高声叫道："哦，孩子们，居然是伦敦E.C.4，舰队街，法灵顿大屋印刷的。"

我们用自己谦卑的方式与伦敦的舰队街联系，发出一封封索取免费徽章、小册子、小饰品的信，却了无回音。每每谈起出书，谈起伦敦的舰队街，妈妈都是满怀向往，跟谈到布鲁迪的康复时一模一样（"布鲁迪啊，等你病慢慢好了……"）。事到如今，我们都认为，要医好他的病，只能靠时间的魔力。妈妈用同样期待的口吻谈论"审判日""基督重临"和"基督复活"，她也同样期待日常生活中的事情，譬如哪天用那套糖霜制作工具，在每年都做的圣诞、新年蛋糕上写字（这可是了不得的居家本领），可以吃的字儿！

一想到佩格表姐，再想想我是优等生，对我写诗这件事儿，爸爸也表示出高兴，不过比妈妈要矜持些。一说到爸爸，妈妈的语气中不免有一丝悲哀："孩子们呐，你爸啊，就是个爱皱眉头的苏格兰人。弗雷姆一家都这个德行。"可有一说一，他是个酷爱笑话的人，但凡收音机里播放喜剧节目，他都听得津津有味，《开心杂志》和《幽默》都要等读完上面的笑话后，才裁剪成厕所清洁用的方块纸。然而，对于现实生活中，甚至是家里发生的趣事，他却似乎根本无感；每天，不论是在家里，还是从收音机里，妈妈都能发现很多乐子，她一边跟家人讲，一边止不住哈哈大笑，而爸爸呢，只会阴沉着脸在一旁听。爸爸对词语的兴趣仅限于形式。他认为，找到一个词并给出解释才是重要的，不该用它弄些"花里胡哨"的玩意儿。虽然我写诗让他很得意，他的真实目的却是要尽人皆知，而且盼着那些诗能让我得个什么奖。到了晚上，他喜欢坐在那儿，拿本杂志，琢磨字谜，玩填字游戏。凡是涉及解谜的游戏，我大多顶讨厌，特别是拼图游戏，好几次都是拼好了大海、天空或草地，旁边却还剩下一块儿没用上，所以呢，每次爸爸叫我帮他弄填字游戏，我都会激动得一颤，心里好不得意，仿佛世界之王需要我效劳。不过我每次都不动声色，平心静气地帮他找那个词。记得一天晚上，为了找到一个词，爸爸一个钟头一个钟头就那么熬下去，硬是不肯放弃。我也受了感染，就那么搜肠刮肚地找啊找啊，该睡觉了，我们两个谁也不愿罢手。第二天一早，爸爸在厨房里，已经准备出门上班了，突然发出了一声胜利的欢呼。

"rattan[1]，是 rattan！"没错，的确是 rattan，一个我不知道的词儿。但自打那儿以后，它便跟 decide、destination、adventure、permanent wave、OK、skirting board、wainscot 等词汇融入我的生命之中，至今无法忘怀。

事实上，我的图书证可以一直用下去，不会到期（家人如今根本无法想象，没办法借那么多书该怎么办），这益发增强了我对写作的兴趣。就写作而言，我

----

1 英语的"藤茎"。

还受到了其他影响。那是1936年。之前爆发过小儿麻痹症（那时称作婴儿瘫痪症），伴有数例脑膜炎，此时零星还有些病例，据信来年夏天还会有所增加；那些身残志坚的"残疾儿童"成为人们关注的焦点，最有名的是儿童诗人格洛丽亚·罗林森。那也是好莱坞"童星"辈出的时代：秀兰·邓波儿，简·维特尔斯，费雷迪·巴塞洛缪。在奥马鲁，在其他地方，从未见过这么多孩子投身演艺圈，他们的抱负以及父母的野心极度膨胀，特别是在我们家，大家不停地讲，残疾人反而会拥有某种能力，得到社会认可。妈妈就这样反复开导布鲁迪，说你看贝多芬听不见吧，弥尔顿看不见吧，尤里乌斯·恺撒患有癫痫，意思是说，奥马鲁伊甸园街五十六号的罗伯特·弗雷姆未来可期，要么会奇迹般康复（因为上帝天天创造奇迹），要么会发展出一种天赋，为他赢得名声与财富，或者说仅属于此世的名声与财富，令他得以徜徉于极乐之园（Garden of Beatitude），恭顺地生活，精神谦卑，与人为善，悲悼一切逝去以及错过之物，最终，以上帝之子的身份继承大地。

无论出于何种动机，一座城、一个省乃至整个国家的孩子都动了起来，不但练习表演，梦想着面对观众翩翩起舞、纵声高歌、敲击琴键、拉响琴弦、表演戏剧，而且自己写诗，写故事。当地报纸的儿童版对此大力支持，比如《奥塔戈时代日报》的"点点儿童专栏"。我们小孩子写给这个专栏的信都写得中规中矩："亲爱的点点，能允许我加入您的快乐儿童帮吗？我今年多少岁了，等等"，最后写道："爱所有的小孩子，也爱亲爱的您！"

"亲爱的您"显得过分亲热，令我颇觉尴尬。尽管如此，我还是写好了信，信里希望以"金蝴蝶"为笔名，可惜这名字给人捷足先登，于是点点将它改作"琥珀蝴蝶"。小鸡希望给叫作"舞蹈仙子"，结果得偿所愿，而其他人就没那么幸运了，自选的名字都遭改动：布鲁迪的"丹中士"（这名字来自"克里姆欧塔"[1]包装盒上那个扛枪的皇家小骑警）给改成迪克中士，默特尔的"好王后贝丝"给改成"好王后夏洛特"，伊莎贝尔的"苹果花"给改成"苹果花瓣"。

对残疾人的关注持续着。有时，电台会播放盲人钢琴家、小提琴手或"残疾"歌手的演出。播音员也知道听众里有不少遭受婴儿瘫痪症"打击"的孩子，便着意强调表演者身患残疾，就好像残疾是其能力的一部分，甚至不可或缺。我也将二者联系起来，模模糊糊感觉到，在这个勇敢与高贵受人敬仰的世界里，比起身体健全的同行，写诗的残疾人更勇敢，也更高贵。我巴不得一下子瘫了，那样兴许就能终日卧床，或者与轮椅为伴，一边写诗歌编故事。若不能得偿所愿，学习音乐、舞蹈和唱歌，正常参加各种竞赛，获得好名次，从而得以进军好莱坞，我宁愿身患残疾。

那一年结束了。我得了一个奖，奖品是两本真皮封面的小书，还有五英镑奖学金，可助我"接着"念高中。高中有三个方向，第一个是专业或学术方向，第二个是

. . . .

1　Creamota：桂格麦片早期出品的一种细磨燕麦粉，加入牛奶或水，则如奶油般细腻，是当时风靡新西兰的早餐，现已为即食燕麦片所取代。

商业方向，第三个是家政方向。与初中不同，高中各方向课程独立，绝无混同。父母这会儿觉得，我百分之百会当老师，所以拿定主意，让我继续读书。不过爸爸也给我打了预防针，说要是家里情况不好的话，说不定我得辍学，或是转学商业课程，之后进公司上班。附近的女孩子大多打算读到第三或第四年，就去商店或事务所找份工作，所以基本上都选了商业方向。波普伊会选这个方向。时不时我会远远看到她，两个人很客气地问候几句。我已经中了文学的毒，给我最爱的一首诗，即阿尔弗雷德·诺伊斯的《年迈的灰松鼠》弄得心惊胆战。那首诗讲一个梦想海上生活的男孩儿，长大后未能如愿，只得进事务所工作，慢慢地，他的"内心死亡了"。

> 在伦敦他坐在高脚凳上，
> 金门桥远在天外！
> 他就像只松鼠，给人抓住投入牢笼，
> 日复一日算账，头发变得灰白。

我觉得，奥马鲁也有那样的高脚凳，就在妈妈交房租的那间律师事务所。一个头发灰白、满脸疲惫的男人坐在高脚凳上，俯身在一张桌面倾斜的高脚桌上，摆弄着他的账本。来家里收房租的时候，我见他鼻子尖尖的，好似一支钢笔头，只是鼻尖上垂着的那一滴是鼻涕，而不是墨水。我一向笃信文学的"真实性"，阿尔弗雷德·诺伊斯笔下的职员生活图景令我深信不疑，认为事务所里的生活是对美好梦想的背叛。我激动地说："学商业，绝不！"

圣诞节有大把假日等待着我们。人们欢庆圣诞，接着是跨年夜，之前还有盖伊·福克斯日[1]，均是家庭团聚的欢乐时光。圣诞节那天一早，餐室壁炉前，大果柏木上挂着装有礼物的袜子，那是父亲的灰色工袜，礼物很少是我们想要的，但一样受欢迎，一样令人兴奋，毕竟那是礼物啊，带给了我们惊喜。跨年夜到了，依着苏格兰老家的传统，午夜过后，会有新年的首位客人登门，家人会排摆盛宴，美食堆满餐桌，祈愿新的一年丰衣足食。再有，盖伊·福克斯之夜，我们站在后院里，瞧着爸爸点燃手中的烟花棒，施放转轮烟火和仅有的一支冲天炮，我们这些孩子则放小鞭，砸摔炮。

圣诞假期，总可以去奥马鲁友谊湾的海滩，有时玩厌了，便会跑远些，去到蒂马鲁的卡洛琳湾。这年的圣诞假期，我们一直在游泳。林赛小姐用她的老办法教我，绑根带子在我腰间，带子那头系了根棍子，她扯着棍子拉我向前游，可我就是不听她的，弄得她上了火，也管不得什么风度了，一把将我推到水里。这一推令我心胆俱裂，可也成全了我，如今不让我游都不行了。

假日就这样消磨在沙滩上和泳池里。默特尔和伊莎贝尔都是游泳高手。默特尔也擅长跳水，去城里泳池游泳时，但凡见到心仪的跳水者，我们便目不转睛，盯着高高低低的跳板上他们傲立的身姿。那些人跳过后，就

1　盖伊·福克斯日（Guy Fawkes Day）：英国的传统节日，时间为每年的11月5日，为纪念"火药阴谋"这一历史事件。天主教反叛分子密谋炸毁位于伦敦威斯敏斯特的国会大厦，但是密谋泄露，一个卫兵发现了盖伊·福克斯，在严刑拷打下，盖伊·福克斯招供了一切。

轮到默特尔表演她的拿手好戏了。我们发现，要想瞧男孩子，泳池比别的地方更方便，因为他们要么在水里，一眼就能瞧个清楚，要么在他们常待的那头，跳板边上那儿，仰八叉躺在铺好的毛巾上，要么知道我们在窥视他们，便弯起胳膊秀肌肉。杰克·迪克森也来游泳，一身皮肤甚为苍白，一点都不像埃罗尔·弗林或克拉克·盖博[1]，默特尔顿时对他失去兴趣。她说："他身体也太单薄了。"没什么比身体单薄更让一个男孩子丢人的了。

我们占据了泳池看台的有利位置，看着男孩子们来来去去，脖子上挂着毛巾、泳裤。我们听到他们随意谈论着自己的"泳装"，而我们自己的"泳装"呢，去的时候却只敢小心翼翼地卷起来，夹在腋下，离开时依然紧紧地卷起来。等出来到了大街上，男孩子们会冲我们挥毛巾，一副挑衅的姿态。我们心里很快活，脸上却紧绷着，泳装卷得比什么时候都紧，一脸傲慢地朝家走去。

一月天空蔚蓝，时光静好，接着，二月份来了，又是漫长而炎热的夏天，云幕低垂，令人沮丧疲惫。想到回校我就害怕，因为高中需要新校服，还需要深灰色哔叽短上衣、冬天戴的黑呢帽和黑色贝雷帽、夏天戴的白色巴拿马帽。此外跟初中一样，要准备灰色法兰绒和白色棉布衬衫，还得有条白裙子吧，参加年末园会以及在歌剧院举行的毕业典礼得穿啊。一条有色腰带也是不能少的，具体什么颜色，要看我们给分进四个学院中的哪

. . . .

1　弗林和盖博均为二十世纪三十年代走红的好莱坞影星。

一个，这四个学院分别是以怀塔基学校前四任校长的名字命名的。所幸波莉姑姑主动请缨，为我缝制短上衣，我盼着从佩托尼寄来的包裹，心里希望一切都好，却也害怕无事顺遂。

此刻，一切夏日里繁盛之物都初露败象；淡雅柔和的树荫下，茎叶满布细绒的紫菀顶着卷曲发黄的花瓣；凉亭外，乳黄色的木香花业已枯萎凋零；我们躺在屋前枯黄的草坪上，看天空中一朵朵云，心想这朵像什么，那朵像什么，嘴里问边上的人，你看到什么了？你看到什么了？

十八 野 餐

那年夏天，我们结识了一位朋友，她叫玛格丽特，前不久才跟父母、姐姐诺阿琳、弟弟约翰搬进街对过儿的那栋房子。玛格丽特卓尔不群，把我们都给震住了。她的行为举止、言谈用词、穿着打扮均别具一格，父母双亲、所居之屋宇、所奉之宗教也异于常人。作为天主教徒，她读的不是一般学校，老师皆为修女。她天生会演戏，懂得利用自己的"魅力"，跟谁都强调，其实自己拥有西班牙血统，也不知是真是假。说到这点，她总是言之凿凿，很能唬人，想质疑她根本没门儿。我们才一遇到她，便觉得自己嘴里说出的词儿既老气横秋又不合时宜，于是忙不迭跟她学那些妙趣横生的语汇，譬如，写字桌改称"escritoire"，沙发改叫"chesterfield"，女士套装换作"ensemble"[1]。论穿戴，她妈跟我妈也迥然不同；我妈常系着印有"sugar"（白糖）字样的湿围裙，[2]平常日子穿破旧的汗衫连衣裙，交房租或带布鲁迪看病的日子，才会换上那套海蓝色套装。这套衣服是从基督城[3]的格拉森零售店邮购来的，先试穿，合适的话，按周分期付款。母亲从未使用过分期付款，下此决心并非易事，就好像在财物上失了处女之身。如今看病不要钱了，布鲁迪住院治疗（只在难以控制时）也免费，我们便没那么拮据，于是继续通过分期付款方式，购置几条毛毯，一床被子，还有给客人换的床单。与付菜店、肉店的账单不同，分期购买"享受性商品"让妈妈心感不安，不过她会说"我们可是尊贵的客户"，好把这不踏实的感觉压下去。我们的确是"尊贵的客户"，这点无可置疑，因为每半年我们就会收到那家商行寄来的油印小册子，就像是一封信，第一句就是"尊贵的客户，您好……"我家的账单都及时支付，从不拖欠。就连欠费瑟太太的陈年老账都差不多还清了。

我们发现，玛格丽特的父母也有要付的账单，于是舒了一口气。她爸爸有不止一套西装，工作时，不会弄得蓝色工装上满是油污与煤灰，不会提着装着午餐（三

· · · · · · · · ·

1　escritoire 意为"写字台"，来自法语；chesterfield 乃是著名的切斯特菲尔德式沙发；ensemble 意为"女士套装"，但来自法语。

2　这是一种经典的围裙，应该是购买白糖时糖业公司的赠品。

3　基督城（英语：Christchurch，又译克赖斯特彻奇、基督堂市）是新西兰第三大城市和南岛第一大城，位于南岛东岸上中部的坎特伯雷平原。基督城市名是根据牛津大学基督堂学院而来。

文鱼三明治或洋葱三明治）的皮包，不会带回机车用的煤块填进厨房炉灶，也不会带回铁路笔记本，以满足我们对写作的狂热。

1936 年复活节期间，为了庆祝工党政府上台，庆祝斯科里姆叔叔歌中所唱的、兴许会到来的好日子：

> 我们看到崭新的日子，
>
> 蔚蓝的天空中金光灿烂，
>
> 人们心中希望满满……

我们全家首次外出度假，持免费年票乘火车去拉凯阿[1]，坐的是头等"鸟笼"。此次旅行由爸爸一手操办。一辆载有稻草捆的卡车在车站接我们，我们爬上后车厢，沿着乡间公路，穿过一座座围场抵达河边，支起我们的钟形帐篷。爸爸在帐篷的一角铺上稻草给我们当床，妈妈在入口边准备吃食，包括那一听淡味饼干，我们则捡来木柴生火。金属罐里的水烧开后，爸爸跟我们强调，下雨时千万别从里面碰帐篷，否则会漏雨的。一切搞好后，他便带上三文鱼钓具，譬如钓竿、卷轴、锃亮的新匙形拟饵和钓鱼包，去寻找三文鱼聚集的水潭。我记得，整个周末我们这些孩子都钻进桉树林里探险，倾听喜鹊的鸣啼，观看飞翔的老鹰，避开随处可见的泽西牛，吃着淡味饼干，而妈妈则不停地烧火，煮茶，额头缠了条湿毛巾坐在那儿，阳光照得脸闪闪发亮，穿着宽大鞋子的

· · · · · · · ·

1　拉凯阿（Rakaia）：新西兰南岛城镇，位于坎特伯雷平原中部，拉凯阿河流经而过。

两条肥腿直直地伸着，大块红疮清晰可见。她在上面涂了舒耐软膏，盼着疮能消下去，那药膏绿不唧唧的，散发着浓重的药味。她就坐在那儿，念念有词地背诵诗歌，随口编些滑稽歌谣，拿爸爸跟他捕获的以及逃跑的三文鱼打趣，就连爸爸跟吉米·潘尼阿米恩捉的三文鱼给人偷走那件事，也给编进歌谣里：

> 那天吉米和我从河边返回，
>
> 到家里吃点儿东西喝一两杯，
>
> 有人悄没儿声溜进
>
> 我们歇脚儿的小屋，
>
> 偷走了我们的三文鱼，
>
> 有人偷走我们的三文鱼……

有时她就那么坐着，眼睛越过那排柳树，凝望着汹涌的绿色河水（孩子们，那都是融化了的雪水），谈起自己的"少女时代"，那段完美无瑕的时光。

有天夜里，上游地区突降暴雨，河水上涨，距我们的帐篷仅数英尺之遥，我们迫不得已，急忙摸黑起床，将帐篷移到地势高的地方。我们觉得，这可是有生以来最刺激的冒险经历。不过，此等冒险在其他人家的孩子眼里只算得平常，他们经常度假，已经见怪不怪了。

如今交到了玛格丽特这个新朋友，我们便得了机会，再讲一遍那个冒险故事，仿佛昨日重现：河水上涨了，我们赶紧逃跑；倾听喜鹊歌唱，津津有味地吃着淡味饼干（一大听呢！），围着篝火享用美味的三文鱼，穿过公牛围场去兰利农庄买牛奶；所有的抱怨，一切的欢笑;夜里躺在稻草床上,耳畔河水潺潺作响,互相激对方去摸帆布帐篷,看爸爸是不是在骗人,结果他真没撒谎;我们打闹嬉戏,编故事,谈打算,眼里饱含憧憬,交换对过往的感受,攀比个人的高光时刻,交流身体的秘密;大水退后,我们又跑到外面,拾曼努卡树的枝叶当柴火,扯根柳枝作柳笛,试着估测水势,双眼迷离地注视着河水及水中旋转漂浮的树枝,偶尔看到一两只死山羊或死牛,在水中沉沉浮浮,一路漂向大海。有玛格丽特这么个听众,我们"去年到拉凯阿野营度假"的故事,变成了"年年去拉凯阿野营度假"的故事。

这年,爸爸决定趁着假期重返拉凯阿,我们便邀请玛格丽特同行,她欣然接受了。我们的拉凯阿故事将再次延续,而且,"另外的人",一个生活在正常房舍里、有着正常父母和家庭、不曾经历灾难与梦魇的人,将分享我们在拉凯阿的种种快乐,这令我们大喜过望。我们立刻扮演起导游的角色,仿佛玛格丽特是身处异国他乡的游客。起先,能不能成行大家心里都没底,因为婴儿瘫痪症疫情日渐严峻,每天报道的病例数都在上升。有传言说,这一波疫情的峰值不过去,学校是不会开学的。不过依着妈妈看,在主那开阔的天空下支起帐篷,远离拥挤的城镇,疫情便挨不到我们的边。况且,对我们的健康状况,她有十足的把握。每个孩子不都是吃她的奶长大,大到会咬她的时候才断掉?小时候我们牛奶难道喝少了吗?吃了那么多鱼,总该会很聪明吧?更不要说一听听蜂蜜,自家种的蔬菜,水果,粗燕麦,哪一样不都能让我们大便通畅?

我们再次来到拉凯阿，如前那样探险、玩耍、吃喝，跟玛格丽特吹牛，不过也服她的外国范儿，模仿她的语言，玩她玩的游戏。默特尔穿着她那条松垮垮的灰色长裤，这副打扮如今人人都能接受，就连爸爸也不例外，毕竟这么穿的女人大有人在。吸烟的女人也多了起来。玛格丽特的妈妈不但抽烟，而且还用化妆品，这也令我们眼里的玛格丽特更具魅力。此外，她的世界充满神秘色彩，牧师、修女、忏悔、圣水，令我们万分艳羡。

令人难忘的假日行将结束，我们身上遍布晒伤的痕迹，爸爸取出在温德姆拍卖会上买到的照相机，给大家拍照留念。以前亲戚来访的时候，他会招呼大家到花园里，站在那座日本式小桥上拍照片。拉凯阿的照片洗出来后，妈妈给吓得合不上嘴，因为其中一张照片上，默特尔整个人似乎是透明的，而且只有她那样，其他人都有血有肉。妈妈说她很害怕，好像坏事总是扎堆来：戈弗雷外婆撒手人寰，美丽的拉凯阿给雪水喂养得闪着绿色蓝色的光，南岛的高山秋天落雪，疫情令全国陷入悲伤与恐惧，街上可以看到逃脱严重后果的瘫痪病人，靠腿上套的铁箍子支撑方能行走。这一切加在一起，令她深埋心底的恐惧浮出水面：默特尔说不定会突然死掉。

十九　默特尔之死

新学年伊始，学生却不能返校，课程只得靠函授。波莉姑姑给我做的短上衣寄到了，还挺合身，只是后腰的褶子仅有两道，而不是通常的三道，不过没关系，我已相当满意了，赶紧叫爸爸拍了张照片寄给姑姑。

学校假期似乎注定与夏天如影随形；又是一个夏天，燥热的风自西北而来，自坎特伯雷平原一路燃烧而来，天空湛蓝如硫酸铜（即"蓝石"）溶液，人热得无处可逃。唯一的安慰是水，我们来回从家到海边，或到泳池。那是个星期五，学校的书单及头堂课的材料就该寄到了，默特尔却提议先去游泳，再去城里看男孩子。我一口回绝了，满脑子想的都是新课程，想如何避免太多央求争吵而拿到新书。此外，也不知道会不会喜欢高中生活。对了，还有新的笔记本，我会用诗将它们写满的。默特尔见我不去，便跟我口角起来；不过真实的原因是，我是优等生，因而深得爸爸青睐，如今又上了高中，将来会跟爸爸那位移民加拿大的佩格表姐一样当个老师。我正在进入曾经属于她的世界，在那里她曾是圣女贞德，曾朗读《睡王子》，我将遇到更多的人，而她却再无机会。再说，我们几个孩子里，爸爸对默特尔最凶，因为她最不服管，胆子又大，敢于公开挑战权威，所以动不动就受到威胁，说要送她去卡弗舍姆的工读学校。而我呢，只想"乖乖的"，不做出格的事儿，凡事收敛听话，只在有十分把握不被识破的时候，才会撒一两个谎。

拌嘴的结果是，那天下午，默特尔叫上玛格丽特和伊莎贝尔一道去游泳池，而我则窝在家里，规规矩矩地为新学年做准备。大概四五点钟的样子，有人敲门，妈妈还以为是推销员，便打开门，不等对方反应就一句话撂过去，"谢谢，今儿什么都不买"，顺手便要把门关在那人脸上。可那人就像个老到的推销员，硬是把脚挤进来，用力推开门，径直进了厨房。妈妈以前跟我们讲过类似的事情，这会儿她严阵以待，用她自己的口头禅说，准备将那家伙"撂倒"。我站在餐室门口瞧着。那人瞥了我一眼，严厉地说："让那孩子走开。"我没挪地方，就在那儿听。那人说："我是医生，这会儿来呢，是要跟你说你女儿默特尔的事儿。她淹死了，已经送去了太平间。"

我眼睛发直，只知道了默特尔"已经送去了太平间"。我们这些孩子总觉得自己知道哪栋房子是太平间，不就是邮局边上那间长满苔藓的小石屋嘛，不远处是奥马鲁小溪上的人工瀑布，滑腻的绿色河水翻滚着倾泻而下。每次穿过塔卡鲁公园，抄近路去泰恩街和海滩，经过太平间时，我们都会指着它吓唬对方，有时扒着上了栅栏的小窗往里瞅（"这窗户是为了透气，否则尸体会发臭的"）。那屋子狭小封闭，根本进不去，为此我们断定它就是太平间。每次在家里提到那地方，妈妈总是面露惧色，这让我们来了劲，于是学着爱开玩笑的爸爸，翻来覆去地说那个词儿。

"太平间，太平间。"

"小东西们，不许说这词儿。"

医生言毕便转身离去，不许我们提"太平间"的妈妈，这会儿自己嘴里却喃喃地念叨着这个词。她明白，默特尔死了，已经淹死了。乍一听到这消息，我一阵高兴，心想这下子爸爸再不会想着驯服她，冲她发火，也就再不会有争吵、哭叫、抽打，我们也再不会惊恐地在一旁听着，一边同情她，一边哭鼻子。然而，我立刻便悲伤地意识到，虽说家里以后兴许会风平浪静，可代价却如此之大，默特尔整个人都没了，她不是去度假、去邻居家玩、去城里逛，也不是去这世上任何地方，而是从地球表面消失了，离开了这个世界，彻彻底底不见了。这甚至不是试一下，看看会有怎样的后果，她是真的永远消失了。默特尔会去了哪儿呢？这个热爱生活、乐观开朗、自信满满、爱开玩笑的姑娘，这个膝盖上有疤，有着成年女性月经的姑娘，这个梦想去好莱坞做电影明星、跟弗雷德·阿斯泰尔跳踢踏舞、一路歌舞着收获名声与财富的姑娘，如今在哪里呢？那个身穿银色盔甲的圣女贞德在哪里？那个在无线电上"隔空"朗读"夜里我遇见睡王子／那面容安详而美丽"姑娘在哪里？

那夜，默特尔没回家做平日要做的事，完成上午没干完的活儿，没把晾在洗衣房窗台上已经用白鞋粉洗净的鞋拿进屋，这一切都在强调，她整个消失了。爸爸提早下班回到家，搂着妈妈就哭了，以前他可从来没哭过。大家似乎都没想起伊莎贝尔，直到很晚，天差不多全黑了的时候，她才回来，因为游了泳，那头金发依旧湿漉漉、乱糟糟的，小脸上写满惊恐，一望便知她去了哪儿，都看到了些什么。

那夜我们紧紧拥在床上，第二天来了又过去了，接着再是一天。大人们谈论着验尸、验尸官及殡仪员，这几个词到了妈妈嘴里，都带着恶狠狠的口吻，好像他们都该为默特尔的死"负责"；再就是商议葬礼及下葬的技术细节。听着听着，我渐渐明白了些什么，那是此前家族里其他人的死亡不曾给予我的启发，因为这次死的不是别人，是默特尔，她溺水而死，她的葬礼公告、葬礼、鲜花、棺椁、坟茔，如此多的东西一下子都属于她，这是以前从来没有过的。

尸体查验后，便成殓起来送回了家，停放在散发着斯特姆苹果香气的前屋里。妈妈问我："你想看看她吗？"我说不想。妈妈说："等到复活日，我们会见到她的。"这句话再次让我想到，复活日那天该是怎样的混乱，到处都是拥挤的人群，一张张面孔在眼前疯狂地掠过，世世代代的人们面对着面，该会引起怎样的恐慌，也许只有奇迹才能提供足够大的空间，容纳这所有人。

默特尔入土为安，坟前摆满了花环。送花环的奥马鲁人不在少数，其中有她曾经加入过的游泳俱乐部，还有几个我们喜欢看的男孩子，就是那几个常对着我们秀肌肉、挥泳裤的。没过多久，雨水淋湿了花，致哀卡片上墨水洇开来，各色缎带朽烂了，烂成一缕缕的，坟头也沉下去，最终与地面平齐。人们说："你不知道吧，总会沉下去的。"

有天下午，我到默特尔墓前摆放鲜花，碾碎几片阿司匹林，投进盛花的果酱罐子里，让它溶在水里，因为听"人家"说，这药能让花开得长久。正这时，我瞧见林赛小姐就在附近给她妈妈扫墓，就是那位吟诵"（亚瑟王）镶嵌宝石的神剑，覆盖白色锦缎的手，何其壮哉！"的老师。

"那是默特尔的墓吗？"她问道。

我点点头。

"你往花瓶里放了些什么啊？"

"阿司匹林。"我说。突然间，林赛小姐的语气柔和起来，散发着同情，这令我大为光火。

"阿司匹林没法让她活过来。"她柔声道。

"这我知道。"我冷冰冰地回道，跟她说了阿司匹林的用途。

最近一段时间，我学到了不少令鲜花或其他东西"持久"的窍门儿，因为突然间，家里人以及上门对我们"痛失亲人"表示慰问的亲友，都在谈论这件事。该如何防止"献上的花束"枯萎凋零，如何保证卡片与丝带完好如新，各种法子令他们津津乐道。对默特尔的记忆如何能保持"常青"，也是他们热衷讨论的话题。

"你还得找几张她的照片吧。"她们坐在那里，一边轻拍着整理自己的"永久"波浪，一边对母亲说。问题是，等到我们终于缓过神来，明白默特尔真是晕在水里淹死了，再不会回家，再不会换上衣服躺到床上，一句话，再也不会就在那里，大家便七手八脚地翻找近期的照片，到头来只找到那张在拉凯阿拍的"鬼"照以及另一张众人穿泳装的照片。后一张里，我的肩带掉了，露出刚刚发育的乳房。这并不重要，我们要的是默特尔的形象。城里有个摄影师挺有本事，能把默特尔整个儿从后一张里抠出来，但美中不足的是，她一条胳膊搂着玛格丽特，只能忍痛放弃。不过摄影师并未气馁，运用照相术造了一条胳膊，最终将一张放大了的完整照片交到我们手上。人人都说，我们能有她一张近照真是幸事。只有了解内情的人才知道，那条手臂是嫁接上去的。

二十　从前在巴门诺克

疫情依旧持续着。学校寄来必修书目与练习本，并附一张问卷表，调查学生的选课意向。我看到，拉丁语和地理可以二选一。不过爸爸硬是要替我拿主意，他比较了两本教科书的价格，然后对我说："咱们就选地理了。"

尽管家里拮据，我还是靠赊账买齐了所需课本，外加一套昂贵的地理用具。这要感谢 W.E. 亚当斯和杰弗里 & 史密斯这两家文具店，没有它们的善意与大度，事情就麻烦了。我兴奋极了，那一本本新书，那颜色，那气味，而且，代数、几何、算术书后都印着答案！编书的人居然这般信任我们，每道题都附上了答案！以前，老师们总是把答案捂得紧紧的，即使给学生看，也仿佛是在透露机密。鉴于此，我天真地以为，老师教我们数学计算，就是要我们收集答案，好像收集奖品似的，说到底，就是一场问答游戏。如今我明白了，答案有误也不打紧，弄懂解题过程更重要，而且，弄懂如何表述问题同样重要。一想到再不需向老师讨要答案了，我心中便涌起一种长大成人的感觉。教材里有几本法语童话，属于某系列的第一辑；那本《故事与传奇》深深打动了我，它恰是我想要的，真乃及时雨，所收的故事出自《格林童话》及其他集子，用的却是另一种语言，从而呈现出一种丰富性，令我感到，自己收获了宝藏。除此以外，尚有供学生研习的莎剧版本，譬如《仲夏夜之梦》，另配阅读指南，名为《莎翁读法》，还有一册古代史教材，一本名为《赫里肯山》[1]的诗选。

我学完了第一阶段课程，又写了一篇《我的冒险经历》，那可是逃不掉的。我开始探索那本诗选，惊奇地发现，许多诗人都知道默特尔的死，知道没了她，感觉有多怪。葬礼结束后，宾客们各自归家，新学期的资料也寄到了，生活又回归日常；然而，每天都有一块空白，缺的是默特尔。《赫里肯山》中的诗人正是在这空白上书写，书写我心中所感。他们如此善解人意，令我难以置信。妈妈对所有诗人都满怀崇敬，这点她没错，通常她说的都没错。现在我终于明白了，为何她时常念念有词道："唉，也只有诗人才懂，只有诗人才懂啊！"我也明白了，为何她写了那么多诗歌颂诗人，其中一首我还在班上朗读过：

> 他是一位诗人，曾经热爱宇宙中
> 炸响的狂野雷电。如今他安眠在
> 曾经热爱的青草地下，如今他的手安然不动，
> 只有诗人的心能懂。

1　赫里肯山（Mount Helicon）：古希腊神话中文艺女神缪斯的居所。

他听到松林轻声低语。

心中总回荡着甜美的旋律。

清晨的光辉在他心中苏醒，

他自己却与自然隔离。

他柔和地沉睡着，却有谁会在意？

自然摇落发间的叶子，覆盖他栖身之地。

妈妈迷恋诗人，但未必是迷恋其诗歌，更多是迷恋他们给人的浪漫感觉，仿佛他们真切地体现了基督重生。但凡提到那些名字，妈妈总是赞不绝口，爸爸听了却醋意大发，他可是连耶稣基督的醋都要吃的。无论吃谁的醋，他都摆出一副不屑一顾的样子。

　　《赫里肯山》中有首长诗，选自惠特曼的《海流集》，题为"失去的伴侣"[1]，分毫不差地道出了我的所思所感。这首诗说的是两只知更鸟，一只不见了踪迹，它的伴侣费时良久，苦苦寻觅，有时以为觅得其踪，结果空欢喜一场；想起曾犯的错误，忍不住懊悔不已，恨命运不公，怨自己糊涂，绝望之际竟神志错乱，求助于魔法力量；然而，最终遍寻无果，无奈间只得放弃。无论理智上还是情感上，那只失亲的鸟都在自欺欺人，骗自己说，哪有失亲这回事儿，爱侣很快便会回家的，它只是出去"逛逛"，晚上就会回来，也有可能给什么事儿拖住了，"你看着吧"，过不了几天就回家了。它的心理我

・・・・・・・・・

1　其实这并非独立的一首诗，而是《草叶集》之《海流集》中第一首诗《自不停摇摆的摇篮里》的节选，常以"失去的伴侣"为题，收入各种文学选集。本章标题"从前在巴门诺克"即出自此诗。

再明白不过。我把这诗念给妹妹小鸡听,她也说明白。那首诗我们二人翻来覆去读了好多遍。令我惊奇的是,那本诗选中,关于默特尔的居然不止一首,譬如《安娜贝尔·李》[1]:"很多年很多年以前,/ 在大海边的一个王国里……"海边的王国!毫无疑问,它就是奥马鲁。你看,防波堤外那狂野的大海,防波堤内友好且安全的海湾,大海的涛声日夜响在我们的耳畔。

还有一首诗名为《伊芙琳·霍普》[2]:

> 美丽的伊芙琳·霍普死了!
>
> 来吧,坐个把钟头,四下瞧瞧,陪她。
>
> 你看,那是她的书架,这是她的卧榻;
>
> 花瓶里是她采的绣球花,
>
> 如今已渐渐枯萎了。
>
> 她死了,正值十六岁的芳华!

太神奇了,诗人们真是无所不知,属于我的生活给他们看了个透!细品之下,其笔下的诗行似乎就在描写奥马鲁的人们。这座城市位于南纬四十五度,恰在赤道与南极中点上,然而,它声名不彰,与奥克兰、惠灵顿、悉尼绝无法相提并论,更别说伦敦、巴黎以及北半球任何一座诗人生于彼、殁于彼的城市,但诗歌并未轻忽它!另一首诗以"拉莫斯山上松林幽暗"[3]开篇,它写道:

· · · · · · · · ·

1 《安娜贝尔·李》系爱伦·坡的名诗,这里用了曹明伦先生的译文。

2 《伊芙琳·霍普》一诗系英国维多利亚时代大诗人罗伯特·布朗宁所作。

3 此诗名为《我的玩伴》,作者约翰·格林利夫·惠蒂尔,与朗费罗同时。

> 我的玩伴离开了家，
>
> 也带走了欢笑的春日，
>
> 带走了音乐和花朵……

写的真是拉莫斯山吗？诗人自然是在描写那座山，可难道它不也是我们的山吗？那松林难道不也是我们的松园，我们的园子吗？

> 拉莫斯山的松林依然
>
> 像大海般呜咽，
>
> 那是对沧海桑田的呜咽。

我渐渐明白了，诗人当然会构想出许多细节，譬如更名换姓，就像波普伊和我叫人家"跳跳人"，可那是我们自己的说法，并非其真名实姓。我明白，诗人笔下的"树林"就是我们这儿的"灌木丛"，而他的"松林"就是我们的园子。此外，说到善良与美丽，他们往往言过其实，你看啊，默特尔算不上美丽，也不是个"可人儿"，她不过是我强势的姐姐，喜欢逗弄人，常令人身心俱疲。她比我懂得多，本来，好莱坞大时代的丰硕成果，譬如音乐、男孩子、衣裳、爱情、豪宅，她都该有机会一一品尝。

　　疫情终于过去，校园重新开放，我穿上新校服，去怀塔基高级女中上学了。因为颜色不对，波莉姑姑缝的运动衣就没带，留在家里穿。学校对校服有严格的规定，无论样式或颜色，但凡与他人的有所不同，都会令校方警觉不安。我们时刻都要步调一致，跟早年林赛小姐抑扬顿挫地发出口令、带领我们大踏步走入校园一般无二。"脚趾先着地，脚趾先着地……"哪个女孩子摇晃一下或迈错了步子，她便劈头盖脸一通教训。

我们中三班规模不大，全班仅十八个女生，可我们名声在外，能出口成诗，颇具灵气。因此，女校长杰西·班克斯·威尔逊（大家都叫她 J. B.）安排了一位老师，专门教我们演讲术，好让我们能继续口吐锦绣。这位老师叫 H 小姐，年轻漂亮，秀发乌黑，双颊红润；只是她性子偏软，容易成为捉弄的对象。我觉着，她教的那些诗并不精彩，还不如与之配套的演讲练习，譬如"三只疲惫的癞蛤蟆，小跑着要去提尔伯里塔""破衣烂衫的二流子，围着粗糙的大石头跑圈子""吹风笛的彼德捏起一小撮……"[1]

> 咕哝和嘟哝都是糊涂人儿，
>
> 事情搞砸了是一件又一件。
>
> 三只灰鹅在绿地上吃草，
>
> 灰灰的是鹅绿绿的是草。

我们就这样一路哼唱着，完成了所有"必修"篇目:《潘神的风笛》[2]《塔兰特拉》《河水清又凉》，但哪一篇都不及林赛小姐那句"覆盖白色锦缎的手，何其壮哉！"那般

· · · · · · · ·

1　这是三句英文绕口令，分别是"Three tired toads trying to trot to Tilbury Towers…""Round the rugged rocks the ragged rascal ran…""Peter piper picked a peck…"，每句都大量运用英文的修辞格"头韵"。

2　《潘神的风笛》：英国词作家 Adrian Ross 作词，作曲家 Edward Elgar 作曲的歌曲，完成于 1899 年 6 月。

萦绕心头，挥之不去，也不及默特尔的"当会唱的人放声歌唱／词语的鸣响熠熠闪光"，以及"夜里我遇见睡王子"。

那是难以忘怀的一年。我们学习法语童话，朗诵诗歌，聆听新的音乐，研习古代历史，阅读已从"地球表面上"消失的人、城市、动物、鸟类、昆虫的故事。我再次想起妈妈讲的已灭绝的生灵以及陆地、大海下埋葬的古代文明，再次想起，每次把山洞里发现的贝壳化石带回家，她都会提醒我们，奥马鲁曾是一片汪洋。对她而言，沧海桑田、文明变迁皆指向"审判日"，那一天，发生巨变的不仅仅是往昔的一切。坐在古代史课堂上，年级长及历史老师豪尔小姐讲的，我是半听半不听，心里幻想着苏美尔人的衣食住行、腓尼基人的形象、古提尔的商旅。这位女老师皮肤白皙，仿佛是个透明人，淡棕色的头发透得过光。至于性格吗，很像是蛋奶糊，上课总是照本宣科。

崭新的世界，历史的变迁，了解这一切令我颇觉安慰，也使我感到，自己能更清晰地认识默特尔死后家中的变化。爸爸表现出前所未有的恐惧，这与他在家中一贯的强势与霸道甚为不符。我们几个女儿嚷着要买衣服，因为校服短上衣没得换，学校穿完家里穿，可他哪里置办得起，每到此时，他不免发几句牢骚，却再不因此动怒。即便我们说"别的姑娘回家就穿自己的衣服"，他也只当没听见，要么就怼一句："人家干什么，你们就要干什么吗？"他的怒气和失望转而集中到哥哥身上。不知怎的，布鲁迪就是长不大，而爸爸始终认为，那孩子之所以得癫痫，多少都是他自己的"错儿"，只要多些自控，就能不发病。爸爸开始针对他，又是嘲弄又是挖苦，他一举一动都横遭批评。妈妈则站在布鲁迪一边，好言好语地跟爸爸讲道理，可哪里讲得通！她只好改变策略，转而引用《圣经》里的话，譬如"缔造和平的人有福了，因为他们将被称为上帝的孩子"，譬如"我若能说万人的方言并天使的话语，然而却没有爱……"

我发现的另一片新大陆，是一类从未接触过的音乐。引我入门的，一是《自治领歌曲集》中收录的歌曲，二是班上的一位女生，名叫雪莉·格雷夫。之所以注意到她，是因为不止一个老师抱怨她不守规矩，心思不知道在哪里，可对她的想象力却不吝溢美之词："雪莉写诗，她很有想象力！""雪莉啊，你真是个梦想家！总是沉浸在自己想象中的诗意世界里！"

我饶有兴趣又暗怀嫉妒地观察她，渴慕她身上的诗人特质。我想成为诗人，而且我知道，诗人必须拥有天马行空的想象力，必须能做非同凡响的梦。迄今还无人说我想象力丰富，具有诗人气质，我就是个实在人，即便写诗，写出来的也很实在，总脱不了提到某些个刚明白的事儿，或者列举一堆人名、地名和颜色。比如关于斯科特的探险，我写道：

> 奥茨、埃文斯、鲍尔斯、威尔逊和斯科特，
> 这些名字世界不会遗忘……

即便我再有抱负，写成这样，没谁会叫我诗人的。

不过，老师说"雪莉真有想象力，真是个梦想家"，

往往是因为她碰到数学题便犯糊涂，而我却很有数学头脑，很喜欢解题的感觉。

后来，音乐节那天，雪莉表演了一首《致音乐》，选自《自治领歌曲集》：

> 生活的艰辛很多时候
>
> 令我精神悒郁，
>
> 但你这神圣的艺术……

我怎么从未听过这样的音乐，无论是钢琴伴奏还是歌词，都美轮美奂。音乐节上我还听人说，雪莉也会弹钢琴，而且，班上没学钢琴的只有三个女生。更有甚者，仿佛为使雪莉那羡煞人的天赋更趋完美，她父亲凑趣地过世了。雪莉请假的时候，老师跟我们讲了这事，要我们对她好一点儿，毕竟她正经历着丧父之痛。

我心里既嫉妒又向往，简直不能自已。雪莉不但拥有诗人的一切禀赋，还经历了丧父的悲剧！我这么个实心眼儿的人，从来不会神游，喜欢数学，双亲健在，哪有一丝成为诗人的机会？我想也罢，虽然做不了梦想家，可既然当诗人必须如此，我至少可以装模作样。于是，便写了一首关于梦境的诗，自以为只要反复用到"梦"字，就算得上创造梦想了。

> 我梦想晨雾缭绕的山，
>
> 我梦想晌午蔚蓝的天……

读到这两句，谁会说我不是梦想家呢？

我把诗寄给了3YA电台的斯基博，没想到，居然在诗歌比赛中获奖，而且还上了广播。评委们居然觉得它不错，这着实出乎我的意料，于是便以为，是"梦"字起了作用。此后再写诗，便少不了用到"梦"字，特别是我还注意到，诗人大多喜用这个字，或许也是装模作样吧。"请轻轻落足，别踩着我的梦 [1]……我们是音乐的创造者，我们是梦的梦想家 [2]……他们自有梦想，无暇顾念我们……[3]"

我着手收集其他带有"诗意"标签的词语，比如"星辰""灰暗""轻柔""深深""朦胧""渺小""花朵"等，其中一些我已用在诗中，但说到底，之所以用，是因为它们乃"诗歌"特有的语言，因为诗歌突出的是浪漫的感觉（晦暗、渺小、古老、灰暗、妙不可言）。我觉着我上道儿了，"诗意与想象力"与日俱增，即将获得认可，然而我也悲哀地意识到，诗人身上受人敬仰的残缺，我哪样都不沾边，就连父母都一个不缺。默特尔之死自然算是缺憾，而且，诗歌课上常常提到她的名字，比如"再一次，哦，月桂树啊，再一次，褐色桃金娘 [4]"，描写的也是溺亡者。每每在课堂上听到这个名字，我便感到一阵钻心的痛楚，不由得脚趾紧绷，双手死命扣住课桌盖，努力克制即将汹涌而出的泪水。说不清楚为什么，

. . . .

1　出自叶芝的《他希冀天国的衣裳》。

2　出自英国诗人亚瑟·奥肖内西（Arthur O'Shaughnessy, 1844—1881）的《颂歌》。

3　出自英国诗人、小说家及剧作家詹姆斯·埃尔罗伊·弗莱克（James Elroy Flecker, 1884—1915）的《去萨玛坎德的金色旅程》。

4　这句诗出弥尔顿的《利西达斯》，这是一首悼亡诗，为悼念渡海溺亡的诗友爱德华·金所作。其中的"桃金娘"英文为 myrtle，跟"默特尔"是一个词。

反正默特尔的死"算不上"是那种诗人该有的缺憾。它太过深埋于心底，是我不可分割的一部分，我做不到注视着它，口里"梦幻般充满诗意"地说："哦，你看啊，这是一出悲剧。哪位诗人不曾经历悲剧般的生活？"

我哥哥的病也"算不上"缺憾，因为它就在身边，哪里有"缺"。似乎没人能接受他得病的事实。妈妈依旧那副论调："布鲁迪，慢慢就会好的。"这病他自个儿也在研究，常常翻阅我打图书馆借来的书，还有他用手推车从垃圾堆运回来的书，都是图书馆淘汰下来的。找工作的机会甚为渺茫，真找到了，也会有人站出来说他有癫痫，结果是立马走人。回到家，他往往苦着脸说："妈，我的事儿人家都晓得。"

既然如此，爸爸益发将精力放在培养女儿们的"能力"上。每天放学回家，他都会三分玩笑七分当真地问我："今天又是第一名？谁又成了你的手下败将了？"我在学校的竞争对手似乎也是他的对手，那几个名字他可是烂熟于胸。他会问我："说吧，你今儿打败的是哪个？是 M，是 S，还是 T ？"

这种心态司空见惯，班里的"尖子生"都互相较劲，总在比谁的笔记记得好，谁的答案对的多，谁的分数比谁的高，竞争的气氛在全校蔚然成风。我很诧异，自己居然算是"尖子生"。我这类学生总是披着光环，享受特权，而余下的那些，则无休无止地遭到老师的嘲弄。不过，有那么四五个学生，虽不是"尖子生"，却没遭这个罪，因为她们个性鲜明，始终处在权力与特权中心，因此，脑子慢的孩子遭受的讥讽，不大会落到她们头上。

她们那个小圈子才是班级的核心，她们在家在校的举动，才是全班热议的话题。其他学生只在外围一个个或远或近的同心圆上运动，眼盯着处于圆心的那一小群，事实上，她们的权势甚盖过了尖子生们的荣光。毕竟，学习好的总给人瞧不起，不就是群"书呆子"嘛。

我的位置，通常在离中心最远的外圈上。与我相伴的，是个患哮喘的高挑女孩儿，跟雪莉很要好。她总是把上大学的几个哥哥挂在嘴边，不停地讲他们这么说，他们那么说，而他们所说的大多来自卡尔·马克思。马克思这样说，马克思那样说，……同她一道吃午饭，我边听她聊共产主义，聊卡尔·马克思，边羡慕地瞟向那群人的位置。她们几个热烈地交谈着，说爸爸妈妈讲了些什么，说周末在海边公寓做了些什么，时不时笑得花枝乱颤。她们谈笑间洋溢出的力量与快乐，几乎肉眼可见。她们的生活灿烂明媚，而其他人的生活呢，则隐在她们投下的暗影中，即便是卡尔·马克思，也盖不过她们的光彩。她们的家庭幸福而有趣，充满欢乐，别的家庭可没法比；她们似乎都生活在传说中的"南山"上。她们魅力四射，连老师都无法抗拒，常把课堂戏剧朗读的角色分配给她们，而其他人呢，就只有看的份儿，一边听，一边妒火中烧。只有她们能踏上去萨玛坎德的金色大道，只有她们亲身经历了《仲夏夜之梦》与《威尼斯商人》；鲍西娅、提泰妮娅、迫克[1]给她们垄断了，而

- - - - - - - -

1　鲍西娅为《威尼斯商人》中的女主角；提泰妮娅是《仲夏夜之梦》中的仙后，迫克也是《仲夏夜之梦》中的人物，又名好汉罗宾，这两个译名均出自朱生豪译本。

我们其他人，能演个孤独的小仙女就不错了，有时还登不了台，只能充当第一、第二或第三画外音。

那年年底我获得奖品，是本书，名为《男孩女孩成名记》，假期里我们几个孩子读得很起劲。读到勃朗特姐妹的故事，大家都很喜欢，那荒凉的所在令人着迷：约克郡的荒原，教堂墓地，牧师家宅。这个孑然自处的家庭让我们备感亲切，三姐妹也有个"发狂"的兄弟，也有整日忙于工作和家务、无暇看顾孩子的父母；勃朗特姐妹拥有荒原，而我们则拥有山岗、幽谷和松园。而且，同我们一样，她们也遭逢了失亲之痛，只不过其遭际更为凄惨；我家呢，虽说经历了种种不幸，但总的来说，还是充满了欢乐的。谢天谢地，悲恸袭来之时，有勃朗特姐妹可与分担。将伤痛交给她们，总比交给珍妮特·麦克唐纳和尼尔森·埃迪[1]要有用得多。后者是走红"明星"，他们的歌声中充满谄媚的祈求：

> 甜心，甜心，我的甜心，
> 你是否会永远爱我……

如今，即便是我钟爱的牛仔歌曲和忧伤的诗句（"小狗卧在主人墓前"），都不配得到我们托付给勃朗特姐妹的情感，也配不上寄托在我新发现的音乐上的情愫：生活的艰辛很多时候／令我精神悒郁，／但你这神圣的艺术……

. . . .

1　珍妮特·麦克唐纳和尼尔森·埃迪（Jeanette MacDonald and Nelson Eddy）：20 世纪 30、40 年代美国音乐电影当红明星搭档。

我觉得，自己不再是"从前在巴门诺克"的那只伤悼的小鸟。我感到，如今生活板起了面孔。有时，我会既好奇又恐惧地想到所谓的"未来"。

二十一 饥饿的世代

不记得那年什么时候，我跟波普伊匆匆见了一面。她也在上高中，不过学的是商科。一听到"商科"，我便浑身发毛，见波普伊竟然活得好好的，我简直难以置信。我从"商科姑娘"们的教室窗下路过时，会听到打字机"哒哒"的声响，心想等待她们的该是怎样悲惨的命运。

我是在格兰街遇到她的，就在冰草丛附近，黏土堤旁。多年前，就在那儿，我们俩挤弄冰草花带棱的草茎，挤出汁液去涂手上的疣，居然神奇地将其祛除。后来，大人不许我们再来往，对此禁令我们没二话就接受了，甚至表现得满不在乎。再后来，我们的生活毫无交集。结果是，如今，虽对彼此的生活充满好奇，却都装出不冷不热的样子。听她又一次时事报道般地说"我学了商科，这你知道的"，我突然觉得自己背叛了她，就是个势利眼，因为谁都知道，学商科的姑娘比学专业的姑娘低一等，而我不愿意波普伊给人瞧不起。

"是啊，我在学速记、打字和记账。"

她怎么受得了！

"你喜欢商科吗?"我礼貌地问。

"速记符号太多了。"

我不知道什么是速记符号。

"我们成天都在学速记符号。"

"哦,真的吗?"

这次见面既郑重又拘谨。我们像战场上的两个士兵,就是否能幸存下来交换着看法。我们深灰色的哔叽短上衣,这高中生的标志,多少也强调了此种郑重感。波普伊校服上的编织腰带是红色的,那是伯恩学院的颜色;我的是绿色,吉布森学院的颜色。我们目不转睛地瞅着对方,将彼此的差异印在眼底。

突然间,她似乎活了过来,又变回了从前的波普伊,那个梗着脖子说探出篱笆的花自然归我们、可以"据为己有"的波普伊,那个带我看天竺葵、看花瓣染红的痕迹、闻花朵香气的波普伊,那个带我进入《格林童话》的波普伊。

她说:"这阵子我们在读《夜莺颂》呢,就在《赫里肯山》里。"

《夜莺颂》我还没认真读。那位诗人不厌其烦地刻画自己的情感,着实令人厌恶,他竟然说:"我的心在痛,困盹和麻木 / 刺痛了感官……"[1]

"有几节还得背下来。"说着波普伊便背起来:

. . . .

1　参考了查良铮先生的译文,作者约翰·济慈。本章标题即出自此诗,济慈的意思是说,夜莺乃是不朽的,因而不像人类,一代新人会急急如饥饿般换掉旧人。

永生的鸟啊，饥饿的世代无法将你践踏，

因为你并非为死而生！

今夜，我偶然听到的歌曲

也曾悠扬在古代帝王和农人的耳中；

或许这同样的歌也曾流入

露丝忧郁的心，激起乡愁，

令异邦谷田里的她泪眼蒙眬；

同样的歌声也常常以魔力，

开启孤寂仙境中魔幻的窗扉，

面对险恶的大海，看那波涛汹涌。

这番背诵令我吃惊非小。她的演绎充满激情，与此诗甚为默契，仿佛与它血脉相连，仿佛它是她生命中的里程碑。多年前，她给予了我那么多，如今，在格兰街街角，靠近长着冰草的河岸，她似乎在依依不舍地向童年告别。她似乎认同了济慈的描绘：我们可爱的仙境都是"孤寂"的；可即便这样，那种不甘依然清晰可辨。"饥饿的世代无法将你践踏"，这句诗的意思颇为费解，可透露出的内心嘈杂与绝望，却萦绕在心头，挥之不去；一个个词语从波普伊嘴里澎湃而出，恰如惊恐的哭叫。怎会这样？她只是一个学速记、学打字、学记账的"商科"姑娘，这首诗似乎与她格格不入，而她却已大声宣告，这首诗以及诗中的一切一切，都属于她自己！

　　这番朗诵确乎是一份珍贵的分手礼，但我不知如何接受，因为对那首诗我茫然无解。我太过无知，甚至连

《圣经》中露丝[1]的故事都不甚了了，能想到的，唯有学校里一个叫露丝的姑娘，早早辍学去生孩子了；此外，对夜莺我很陌生，在伊甸园街，从清晨到夜晚，耳畔响起的，始终是格兰街那边鸽子的呻吟与咕咕，是频繁光顾我家花园的黄雀群的叽叽喳喳。因而，那首诗中我能感同身受的，唯有"饥饿的世代"、险恶的大海与孤寂的仙境。

"这首诗可是要背下来的。"波普伊开口说，打破了朗诵施加的魔法。

"我们还没学到呢。[2]"我说；谈论文学作品时，就好像是谈论疾病。

"我得走了。"波普伊说。

二人互道再见。打那以后，我再没跟她说过话。听说那年底她辍学了，不久便嫁了人，搬去奥塔戈一个海滨小镇安家落户。

二十二　海边的王国

暑假到了，我终于相信，默特尔当真回不来了。过去一年里，几乎每个周日，我们都去给她扫墓。她的坟茔已成为众多坟茔中的一座，蒲公英、酸模及繁缕慢慢生长起来。如今，我们不再去教堂墓地；默特尔已经彻

- - - - - - - -

1　"露丝"原文为 Ruth，在《圣经》中通译为"路得"。
2　原文是 "We haven't had it yet"，语义双关，可以是"我们还没学这首诗"，也可以是"我们还没有得那种病"。

底离开。那些阅读《真相》《真实告白》《真正的浪漫》的日子，那些激烈的争吵的日子，都已倏忽而逝。如今我是家中长女，即将像从苏格兰移民加拿大的佩格表姐那样，成为一名教师。我尽力抚平生活表面的褶皱，尽量在某种意义上做到隐身，掩藏自身会引人侧目与愤怒的一切。在学校我没有贴心的女伴，也没有男性朋友。我远远地注视着玛格丽特，就像注视着波普伊，她们属于过往，属于另一种生活，而放眼向前，是高中生活年复一年的学习、作业、考试，那是新的生活，严肃的生活，没有玩乐的生活。我依然是雅典娜俱乐部的会员，青少部的图书已尽数读过，却还没资格借阅成人部的书籍。我跟家人说，就要上四年级了，学业会更重，作业也会更多，于是，我得以搬进前屋。而从前，那里只停放死去的亲人，或者供客人下榻；屋角放着些斯特姆苹果；那里远离厨房，只要塞上耳朵，便隔绝了厨房传来的争吵声。争吵如今集中在我哥身上，他差不多十五岁了，喜欢到镇上打台球，那年月，台球室就相当于游乐厅，是人们眼中的罪恶渊薮。

晚上，我们姐妹仨通常做作业、写东西或者听广播。电台节目煞是丰富，有《爸爸与来自蛇谷的戴维》[1]《弗雷德与玛吉》[2]《日本男仆》，各类智力竞赛节目，议会会议直播，每集一小时的苏格兰场斯科特探长系列，

········

1 《爸爸与来自蛇谷的戴维》（*Dad and Dave of Snake Gully*）是澳大利亚一档系列广播剧。
2 《弗雷德与玛吉》（*Fred and Maggie Everybody*）是澳大利亚深受大众喜爱的喜剧系列。

例如《夜啼猫头鹰案》《布莱克米尔富豪案》，每集都以"好啦，把他带下去"结尾，颇具仪式感。我们也是少儿节目的热心听众，比如4YA台比尔大哥的自然节目，3YA台斯基博的《戴维与多恩漫游奇境》系列。这个系列有段序曲，好听到我们不愿它停下；起初还以为它就叫《戴维与多恩》，好几年后才晓得，它是《胡桃夹子组曲》中的《花之舞》。我们依旧怀有演艺梦想，唱歌、跳舞、演奏乐器；依旧光顾本地的演艺比赛，买票去看便宜的下午场，死命记住人家的舞步好回家练习。我们还定期给"点点儿童专栏"写信；每周一早晨，我都会骑上爸爸的单车，兴冲冲地去买肉和报纸（六便士的裙带牛排、两便士肉末和一份报纸），报纸买到后，会瞄一眼最后一版，看看我们的信或诗是否登出来，登出来的话，点点又有怎样的评论。

又是新学年，我又拿到一小笔奖学金，大约五英镑，能帮着买几本教科书。家人依旧为钱发愁，我呢，则越来越为校服上衣发愁。我的胸尚在发育，校服变得越来越紧，可是有什么办法呢，只能凑合着熬到毕业。我有一种无所适从的感觉：在家呢，没法跟家人聊自己的生活；在学校呢，看到的是班上其他女生个个显得自信快乐，特别是核心圈子的那几位，她们居然一个不少都返校了。辍学的倒是有一两个，其中就有雪莉，据说她的寡母没钱供她再上一年。听说雪莉（生活的艰辛很多时候／令我精神悒郁，／但你这神圣的艺术……）在工艺学校或布利德这类地方上班儿，卖些"小玩意儿"，比如发带、蕾丝、棉线（克拉克绞棉线）、圆针什么的，

155

我便生出悲戚之情，感叹生命的浪费：唉，波普伊学了"商科"，雪莉到铺子里上班，《年迈的灰松鼠》再次上演：

> 他就像只松鼠，给人抓住投入牢笼，
> 日复一日算账，头发变得灰白。

背诵"饥饿的世代"又有何用？练习"生活艰辛时的神圣艺术"又有何用？

我意识到，自己就是个耽于梦想的人，这点再清楚不过，因为放眼望去，现实是这般肮脏，处处都是浪费掉的生命。年复一年，梦想暴露在现实之下，一点点朽烂成泥。

这学年，我们的年级长是吉布森小姐。我对这年的记忆，跟上年一样，是学习法语与英语文学的快乐，是数学问题及几何公理带来的兴奋以及它们的严谨：待证明；作图；证明；结论。我在的又是个小班，隔壁是另一个专业班，人数比我们多。两个班隔着一道双扇门，上英语和法语课，有时上数学课时，便会打开。那间屋子原是老礼堂，墙上是荣誉榜和阵亡者名单。我们4A班的学生都是初中直升上来的，大一点的4B班就不同了，多数同学来自乡下学校。在吉布森小姐眼中，这就够得上是一桩罪过了。她们不是住宿，便是乘公交上下学，吉布森小姐（也叫吉比）的冷嘲热讽便都瞄准了她们。我们班学生沾沾自喜地坐着，优越感在心底慢慢滋长。

那几位核心成员依旧在班上，如今已是四年级的老大，全班都受她们的左右，无论是穿着、做派、电影、书籍、娱乐方式，还是对一切话题的看法，都得唯其马首是瞻。我常常仔细观察她们，想知道她们如何能有如此影响力。原来，她们每个人都身着一整套标准校服，干净整洁，一丝不乱，即便是很少有人买得起、没有硬性规定的那几件，她们都无一落下。其中有个叫 P 的，胖乎乎的，脸上点缀着雀斑，天生一副乐模样，午饭时，大讲特讲周末在度假屋跟爸爸妈妈经历了怎样的冒险，吸引了所有人的注意。她爸爸在拍卖行做事。还有一个叫 M 的，个头不高，皮肤黝黑，钢琴弹得很不赖（她妈妈是教音乐的），写得一手好文章，散发着高贵的爱国主义气息；她为人宽厚，总替他人着想，一向受全班人爱戴。她父亲也是拍卖商，做过几任奥马鲁市长。再就是 B 了，她父亲竟然也是开拍卖行的，此女舞艺精纯，地区及全国比赛中屡次获奖，不但如此，还是赛跑冠军，而且按照当时的审美标准，算得是"容貌秀丽"。L 是这群人中的艺术家，一头乌发，俏容丽色，父亲是个木匠师傅；只要她参加美术比赛，头奖就从未旁落过。最后一位是 J，也是个喜欢搞笑的，身材单薄，大家亲切地叫她"瘦子"；她人怪怪的，但极为聪明，想象力惊人，只是一般人理解不了，连老师们都没看出来；在一般人的眼里，她算是个丑姑娘。

另外有两个姑娘，J 和 M，虽然不属于那个群体，却也时不时同她们混在一起，像跳四年级级舞那样，跟她们亦步亦趋。M 也是个技艺高超的钢琴手，其演奏有种静水流深的味道。她身材娇小，与她们中大多数人一样"容貌秀丽"。不知何时，也不知从何处，我染上了势利病，心里总纳闷儿，L的爸爸"不过是个木匠"，她怎会成为那群体的一员？在班上，在学校，一个人爸爸做什么顶顶重要。若是有个身份显赫的父亲（比如市长、市议员、医生、牙医），或者有这么个亲戚，再或者像班上一个叫W的女孩儿，二者兼而有之（她父亲是毛纺厂经理，有个表哥在怀塔基做老师！），那么，由此带来的威望日积月累，不但能令人生存，更能让人活得滋润。

我依然是"尖子生"中的一员。我们几个常常对答案，常常超前学数学。最聪明的要算W了，她父亲就是那位毛纺厂经理。她家就住学校边上，房前草坪上有个超大的玩偶屋。W的阅读量也无人能比，只要是儿童经典，没有她没读过的，譬如《爱丽丝漫游奇境》、吉卜林的《丛林之书》《蟾宫的蟾蜍》等；此外，我们眼中深奥无解的问题，在她那儿都能找到答案，譬如某些诗句的出处，那些诗我们听都没听说过，更别说读过了。爸爸每次问我学习时，问的就是她："说说看，今天搞赢W了吗？"

我渴望与父亲拉近距离。有时他仍会问我："绵羊是怎么看你来着？"虽然时隔多年，我依旧会顺从地侧过头遮住脸，装出我那副"绵羊表情"，以这种方式毫无痛苦地向他靠拢。为了靠近他，我还玩填字游戏，玩智力问答，读他最近开始借回家的侦探小说。那是些方方正正的小册子，很像我们女孩子时不时会读的"爱情"小说、"寄宿学校"故事以及西部故事。这些侦探故事属于"塞克斯顿·布莱克探案"系列[1]，我认为写得很糟糕，可我并没直说，而是每拿到一本新的，便会正儿八经地去读。

"最新一本儿塞克斯顿·布莱克我读完了。"我对爸爸说，"写得挺不错。"

听了这话，他眼中常露出感激之色，令我颇感不忍。他会说："怎么说呢，也就一般。等周末了，我再多拿几本回来。"每到这时，我就觉得能看透爸爸的心思，觉得感受到一些悲情的东西，于是心里满是伤感。妈妈有时冷不丁会说，"简和她爸都喜欢读那些个侦探小说"，闻听此言，我心中甚感骄傲与感激。

我在家读"塞克斯顿·布莱克"、教科书和从图书馆借的书，而核心小组的人却在读拉斐尔·萨巴蒂尼[2]、诺德豪夫与豪尔（《邦帝号兵变》系列）、乔吉特·黑尔[3]（《那些古老的阴影》）。那些书我碰都不愿碰，因为我的阅读选择，是对核心小组权威的反抗。她们读一本书，会全身心沉溺其中，又是讨论，又是分析，要不了多久，那书便在整个班上风靡起来。那些书的主题令我兴味索然；我在阅读生涯的早期无比钟爱现实中的冒险，而如今，那种热情已然消失殆尽，对什么骑士

. . . .

1 塞克斯顿·布莱克（Sexton Blake）是一名虚构的侦探，自 1893 年以来便成为许多英国漫画、小说和戏剧作品中的特色人物。从 1893 年到 1978 年，各种各样的英国和国际出版物都以塞克斯顿·布莱克冒险为特色，其中包括约两百位不同作者的四千多个故事。

2 拉斐尔·萨巴蒂尼（Rafael Sabatini，1875—1950）：英国籍意大利浪漫小说及冒险小说家。

3 乔吉特·黑尔（Georgette Heyer，1902—1974）：英国历史浪漫小说及推理小说家。

啊、决斗啊、时装画册、古装电影都提不起兴趣：那些张扬恣肆的日子已成过去。虽这么讲，我还真好好读了读 L. M. 蒙格马利的"安妮系列"，而且读得乐趣盎然，尤其喜欢对安妮"想象力"的描写。是啊，渴望拥有丰富的想象力，就该做到安妮那样吧：痴迷幻想、满怀诗情；这也曾是雪莉·格雷夫的气质啊。虽然对想象力备感渴望，我却依然困在具体词语中，站在现实而非想象一边，这令我无所适从。我渴望一种想象力，它所含括的，是一个具体的世界；它像一道亮光自天而降，照亮了伊甸园街的寻常生活，而不是强迫我存在于"别处"。我希望那道光能照亮格兰街的鸽群，照亮我家花园中的西梅树和一黄一红两丛贴梗海棠，照亮我们的松园与山谷，照亮我们的凉亭、我们的家、我们的生活，照亮奥马鲁这片天地，照亮这海边的王国。若说要实现埋藏于心底的抱负，成为一位诗人，则必须在夜莺的歌声中纵情想象，而不能混迹于蜡眼鸟与扇尾鹟之中，那么我的回答是"不"。我愿我的生活即是"他处"。我常常心存感激地想到那些慷慨的诗人，他们降临我的世界，书写默特尔，书写我们海边的王国，以诗意的笔触糅合事实与想象，鲜活地再现发生在奥马鲁的悲欢离合："她死了，正值十六岁的芳华""那是她的书架，这是她的卧榻。"这写的不就是默特尔吗？她讣告上不就写着"十六岁的芳华"吗？至于"书架和卧榻"，那纯属想象，因为我们几个女孩儿是头挨着脚睡在一张大床上的，而书架呢，全家唯一的就在厨房，上面立着一套奥斯卡·王尔德、一本字典、《圣经》、《上帝之书》、赞恩·格雷[1]的"西部小说"、一本宗教刊物组织出版的儿童书《迈向天堂》；一本《我们七个》，我一向觉得讲的就是我家的故事，因为我家恰好七口人；此外还有《庞贝末日》《泰尔的大桶》《付出代价》《从玩笑到严肃》《绅士约翰·哈利法克斯》《蔡斯博士的家庭食谱》等。

就服装、社交、舞蹈诸事而言，核心小组的姑娘们颇有心得，我却所知寥寥，因而往往得服从她们的判断；同样的，我不得不服从诗人们的传统，服从他们的遣词造句。就这样，我继续写着自己的诗，可诗中却充满了他们的梦境，他们的黎明，他们笔下面容灰白的瘦小老人。

也就在那年，我读到了老水手。一天早上，吉布森小姐步入教室，坐到讲台后，也没什么开场白，直截了当地翻开一本书，用"宣告某事"的声音说，"塞缪尔·泰勒·柯尔律治的《老水手行》"，接着便朗读起来。她将整首诗一气读完，然后说："写一篇关于老水手的评论，下周交。"话音刚落便离开教室，这节课就这么结束了。

此前对老水手我不曾有过耳闻，吉布森小姐一边读，我一边听，对那阴郁的旅程中发生的故事，我只是半知半解；其他一切都消失了，我跟老水手一样，独自困在海中央，活死人般地活着，感觉那片海景与奥马鲁有些相仿。看到信天翁的那一刻，我挥手与夜莺告别；虽然从未见过信天翁，却不止一次听妈妈提起过，我们在福特罗

· · · · · · · ·

1　赞恩·格雷（Zane Grey, 1872—1939）：美国作家及牙医，以西部风格的冒险小说闻名于世。

斯和怀帕帕角的那些日子，有时她会遥指远空中的海鸟，嘴里喃喃道："小家伙们，说不定那是信天翁呢。"

我无法理解老水手遭受的诅咒与获得的福佑，只明白那漫长的旅程和痛苦的折磨。到了诗的末尾，听到吉布森小姐用她那熟悉的布道腔读道"（对大小生灵）爱得越真诚，/ 祷告便越有成效"，突然间我有种被入侵的感觉，那入侵不仅来自她，也来自陆地及陆地风景，令我心生憎恶；这憎恶也因为那些人，那些只盯着陆地的人，他们贬低那老水手，将一个即便有罪也散发着神秘光辉的人，降格为一个"白胡子蠢货"[1]！

那一整天，我都处在老水手制造的梦境中，那是一个宏大的、无法逃离的梦境，吉布森小姐将它硬塞给我们，没有解释，也没有抱歉；那是一个"纯粹"的梦，梦到那段海上时光，给拥在变幻天气的怀抱里，而那天气无牵无挂地存在着，同人或生灵，同他们日常生活的种种，譬如教堂、婚礼宾客、冗长的故事丝毫无涉，同学校、学习、打篮球、游泳、写诗丝毫无涉，同挤牛奶丝毫无涉。

之所以提到牛奶，是因为爸爸从卢克森家买来一头奶牛。此举原因有二：一是我们对"搬来奥马鲁前"平静而美好的"完美"岁月记忆深刻；二是出于实际考虑，家里人口多，而且还有猫，大家都得喝牛奶。

. . . .

1　本段的两处引文均引自《华兹华斯 / 柯尔律治诗选》，杨德豫译，北京：人民文学出版社，2001 年，分别见第 321 页、第 291 页。

二十三　磨磨与蓝色泽西牛

　　这头奶牛骨架很大，大约是泽西牛与艾尔郡牛的混种。它生着一对内弯的弧形长角。我们没花心思，便给它起名叫"磨磨"，因为它喜欢在牛棚水泥地面上磨蹄子。我发现，挤奶的活儿落在了我头上，因为爸爸上班很忙，妈妈同样抽不出空，伊莎贝尔和琼年纪尚小，布鲁迪又动不动犯病。即便如此，琼和布鲁迪还是学会了挤奶，预备着万一要帮忙。缴纳一小笔费用后，磨磨便可以到保护区吃草。保护区范围不小，覆盖了所有松园和山丘，一直延伸到镇北头，这也就意味着，寻它时要走很远的路，于是我养成了习惯，总是带上我的猫"眨眼"同行。默特尔那只毛茸茸的大黑猫，叫作"大猫咪"的，像它的前辈老猫一样，此刻由于年老，加上磨损，皮毛变成了棕褐色。我们每人的宠物都是它的子女，每只颜色都不同。"眨眼"浑身灰条纹，之所以叫这个，是因为猫都喜欢盯着人看，而它呢，每次长久凝视后，都会冲我眨眨眼。

　　有时，我就在山上给磨磨挤奶。其他时候，会牵着它回到花园尽头的窄小牛棚。牛棚门是用爷爷那副铸铁床头改成的，正对着公牛围场。每次引着它走出保护区，进入公牛围场，我都会在它角上套根绳子，走在前面引路，到了小溪边，我便一跳而过，然后扯动绳子，劝它也跳。令我惊诧的是，磨磨坦然接受了这个套路。不过有一两次，眨眼急着过河，一跃入水，令我同样感到惊诧的是，这猫儿竟然强有力地划水游到对岸爬了上去。挤完奶后，我会送磨磨回山上，然后跟眨眼一道儿爬到山顶。这会儿，眨眼已经跳上了我的肩头，陪我俯瞰下方熟悉的海边王国，凝听海浪撞击防波堤的轰鸣。放眼望去，再次看到旺布罗角一大片幽暗的松林，看到维多利亚养老院凌乱的建筑群、市政厅大钟、面粉厂、小溪、太平间、泰晤士街、里德街、火车站、机车库；再往远，远到北街那边的男中旁，是毛纺厂高耸的烟囱。远眺奥马鲁的时候，我便会作一首诗，等回家后记在笔记本上。

此时，家里厨房再次响起摇动牛乳分离机的声音，牛奶与奶油自不同的漏斗奔涌而下，注入属于各自的碗中；接着，是木制搅乳器发出的摩擦声，由于常年使用，那木质光滑而温润。妈妈一边哼唱着，一边用带螺纹的黄油拍拍打黄油，使之成型。用开水"烫洗"（scald）分离器时，她嘴里的"scald"[1]一词透着紧迫，因为即便是描述这么个无害的活儿，用"scald"也难免不带有些许受伤的意味。牛奶总有富余，满满一桶浮着泡沫的牛奶中，有着对婴儿期模糊而温暖的记忆。然而，在我这儿，主动重塑"往昔"的努力是失败的，因为我在温德姆的"往昔"颇为不堪，谁都知道我是个贼，能逃离那里真是谢天谢地。而且也因为，如今我极为敏感地意识到，此时的我穿着一大早给荆棘钩破的校袜、溅满牛奶和泥点的校服和鞋子，眼中是清晨因困倦而染上的蒙蒙灰色，猛冲向学校去赶九点钟的点名，心里一直想着，放学后

· · · · · · · ·

1 "scald"有"烫伤""烫洗""用热水浸泡"等意。

还得再去寻找磨磨。即便如此，我也知道，牵回磨磨，挤奶，再送她回去，然后，俯瞰那海边的王国，而眨眼则死抓着我的肩膀不安地摇摆着，这些幸福时光与瞬间极为珍贵，因为我可以与自己的思考独处，与诗意的梦想独处。

然而，有些日子里，我却因参不透磨磨的行为而感到羞愧。我对母牛的性生活一无所知，只晓得母牛与公牛是站着"干那事儿"的。另外，我早已不关心性知识，多年前了解到的都忘到了脑后。有些日子里，磨磨会围着公牛围场蹦跶，硬是不肯让我往它角上套绳子，甚至低头用角对着我，仿佛遇到了危险；每逢这样，我都深感沮丧，觉得自己不是名合格的挤奶工；我们平时可是好朋友啊，无论在山上什么地方挤奶，它都很配合，根本不需要把腿拴上，它从不扭来扭去，也不会一脚踏进牛奶桶，令我煞是自豪。我的疑惑在家也得不到解答，每次跟妈妈提起磨磨的奇怪举动，她都轻描淡写地说："别理它。我跟卢克森先生说说，带它回去一趟。"

事情很明白，卢克森先生在"威斯通那边"养着头公牛，因而磨磨给送去了威斯通，几天后送回来时，已经平和如初了。再后来，小牛犊降生了，一直由我们喂养，渐渐生出感情来，可我又弄不懂了，小公牛几个月大时，却为何要残害它的身体。那种手术通常是夜里做，一个陌生人偷偷摸摸的，做完便匆忙离开，而小公牛则鼻头发红，后腿间鲜血淋漓。这一做法透着卑鄙、残忍与乖戾，爸妈回答我问题时若无其事的态度亦是如此。

对这事儿我懵懵懂懂的。若是默特尔还在的话，她肯定会一五一十地跟我讲，话里有事实，也有道听途说："他们把它那玩意儿给割了，否则的话，它长大了会野得弄不住。"

那道疤就在它蛋蛋上，我看得一清二楚。至于蛋蛋做什么用，我根本不明白，只晓得里面装着"小蝌蚪"。我知道，小公牛如今成了阉牛，体态与公牛大不相同，后者站在深草里，硕大而沉重，而阉牛则貌似母牛，两个蛋蛋业已皱缩，那玩意儿垂着，只一点点大。

大人们都装作若无其事，这下可把我惹火了。我总在想，那陌生人定是故意弄伤我家小公牛的，自打它一出生，就是我们喂养的，最初是把手探进它嘴里，一边叫着"吸啊吸啊"，好让它开始吸吮，先是吸桶里黄色的全脂奶，几周后换成脱脂的。可那人居然故意弄伤它，更有甚者，居然没人在乎，连我妈都不当回事儿，只有我们三姐妹为它担惊受怕。我哥早就知道了那个秘密，可连他一起，大家都讳莫如深。

若是生了头小母牛，情况便大为不同，可算是意外之财，因为可以卖个好价钱。曾有一头小母牛，浑身是漂亮的蓝色，我们便给留下了。它虽是牲畜，却也是家庭成员，跟那些出生时没给溺毙的猫崽子不同，不能天马行空地起个名字。那就叫它"蓝蓝"吧。嗯，磨磨和蓝蓝。在我诗意世界的中心地带，磨磨与蓝蓝悠闲地吃着草。

二十四　浮士德与钢琴

　　偶尔我也有挣到钱的时候。小学那会儿，我写了篇获奖作文，《参观面粉厂》，灵感主要源自旧教科书和赞颂母爱的故事；拿到奖金后，在五金瓷器店老板推荐下，皇家多尔顿牌的杯碟盘我各买了一件，送给妈妈。一年一度的农乡展上，我的书法也零星得了几个小奖项。可到了插花课，虽说年年提交作品，角逐"绅士纽扣孔"单元，甚至还去"迷你花园"搏了一把，却始终一无所获。前不久，我写了首诗，《铁道杂志》给发了，还发了一几尼的稿费。这首诗后来收入汤姆·米尔斯主编的《新西兰儿童诗选》，沿袭了我一贯的作风，如实描写大自然：

　　　　在每个这般的冬日黎明，
　　　　点缀林木的是水晶冰莹；
　　　　雾霭低低地遮盖着山岗，
　　　　窗上结满了优美的冰霜。

那时，我刚刚接触到舒伯特、亨德尔和莫扎特的艺术歌曲，内心极度渴望能弹奏这种"新"音乐，于是决定花掉那一几尼，去跟杰西·C上一期钢琴课。她家也在伊甸园街，得从我家再往上走一段。她与母亲住，房子很宽敞，还养了只白鹦鹉。她很乐意教我，学费打折不说，还允许我在她那儿练琴，因为我家里没这可能。住南山的米玛伯母，就是开出租的阿列克斯伯父的妻子，也有架钢琴，她主动提出，周末可以去她家练。

想到就能学音乐，心里甭提多高兴，不过坦白地讲，这欣喜多少是因为老师的一张名单。上学时，班上凡是有学舞蹈、音乐和演讲的，老师通常会列出其姓名，而有那么两三个人，总无缘名列其中，本人便是其一，好不令人尴尬。如今好了，我的名字终于能进名单了。

杰西·C大约三十来岁，身材娇小，皮肤白皙。她没什么见识，话也不多，不像她妈，那可是镇上出了名的大嘴巴，连同那鹦鹉一道儿，能收集到许多不为人知的消息，有事实，也有谣言。白天上课时，但凡听到鹦鹉尖利的叫声，我们便对彼此说："老妈又在跟鹦鹉聊最新消息了。"没人见过，也没人听说过那位C先生，而且也无从想象。

头一次上门拜访杰西时，她领我进屋看钢琴。屋里铺着地毯，座椅装了软垫，此外小玩意儿啊、玫瑰图案啊随处可见。这间屋显然备受珍视，似乎一位母亲溺爱孩子般溺爱着它：养得健健康康，穿得暖暖和和，真叫个红光满面；还有那架钢琴，黑木琴身亮如镜，斑驳的日光落在琴键上，闪闪发亮。

杰西同我坐到软和的双人琴凳上，对我说："让我瞧瞧你的手。"

我伸出一双挤奶的手，手指甲抠得不成样子。

"简，这指甲是你咬的吧。"

"没有啊，我只是抠了抠。"

"指甲不注意保养，钢琴是弹不好的。"

她抬起纤美的手让我仔细瞧，每个指甲盖儿上都半月弯弯的，煞是好看。这样的半月我是没有的。在家里跟弟妹比手的时候，我的缺陷一目了然：手指间有蹼，关节不灵活，指甲没半月。

"中央 C 你应该知道吧？就在这儿。"

我哪里听说过中央 C 啊。第一堂课她教我如何坐，如何摆放手，音符都叫啥。下课时，她给我一本不大的五线谱本和一本指导书，用来做作业。爸爸明确表态，参加钢琴考试可以，但费用他拿不出。

接下来几周，我学着弹奏《罗宾·阿黛尔》（"这旧世界与我何干，罗宾·阿黛尔？"），弹奏模仿雨水滴嗒、小鸟蹦跳等各种叮咚悦耳声响的片段。再往后，有一天，杰西跟我说，是时候练一首完整的曲子了，这很重要。

她如梦似幻地说："弹钢琴的人呐，第一首曲子怎么都忘不掉。"接着加上一句，说希望我也拥有如此特别的回忆。曲目她都替我选好了，叫作《精灵之舞》，贝格音乐店有卖。

我回家跟大人说："老师让我买本乐谱。"

妈妈闻言面露难色："不知道你爸会……"

我转身去挤奶，一边等爸爸回家。接下来会有怎样的谈话，我心里跟明镜儿似的。"爸，我得买本乐谱，能给点钱吗？"

"买乐谱做什么？早跟你说了吧，你以为呢，钢琴可费钱啦。"

"就很薄的一本儿，只要九便士。"

· · · · · · · · ·

1　系挪威作曲家格里格之作品，灵感来源于莎士比亚喜剧《仲夏夜之梦》，该精灵便是迫克。

"当然当然，谁叫我是印钞票的呢。谁都觉得我每周买彩票都中头奖。"

这节骨眼儿，妈妈会站出来替我说话，说我琴弹得如何好，而爸爸呢，一想到女儿将来会大放异彩，多半也就心软了。事情的发展多少都不出我所料。

第二天下午，我从贝格的店子出来，手拿翻开的乐谱往家走，正碰上杰西往城里去。我急忙想合上散发着油墨香的乐谱，我的《精灵之舞》，可哪里还来得及。我兴奋的样子定是给她看在眼里，想到这，我既羞愧又担心。上课时，她狡黠地看看我，一副心知肚明的样子："那天我瞅见你了，手里拿的是第一本乐谱吧?"

我很快便学会了《精灵之舞》，这是一首 F 大调断奏曲，我觉着，它意在表现精灵嬉戏的场景：

> 穿过荆棘和草莽，
> 穿过流水和火光，
> 我到东到西地游荡，
> 就像东升西落的月亮。[1]

接下来，又有乐谱要买了，这次是一本曲集，名为《世界音乐杰作》，杰西跟我保证，这本集子能用很多年。爸爸又设法弄了些钱给我，买下了这本厚厚的书，音乐巨匠的作品均有收录，只可惜，我只知道舒伯特、勃拉姆

. . . .

[1] 这段诗貌似作者引用自《仲夏夜之梦》第二幕第一场，当时迫克问一个精灵要游荡到哪里去，那精灵作了这番回答，原文较长，此处只引用了四句，但与莎翁原文有出入。此处采用了方平先生的译文，引用时有所改动。

斯、肖邦的大名，其《小夜曲》《摇篮曲》和《小圆舞曲》学校音乐节上演奏过，至于书中其他作曲家，我几乎一无所知。我学会了《伦敦德里小调》，原只知道那是"哦，丹尼小子，风笛在将你召唤"[1]，以及斯蒂芬·海勒的《离奇故事》。之后，杰西又问我，听没听说过歌剧《浮士德》，我说没有。她讲那故事给我听，并推荐里面那首圆舞曲让我学。接下来便是肖邦的小作品降 D 大调前奏曲《雨滴》。练会这些曲目后，看重里程碑或拱顶石之重要意义的杰西对我说："学到你现在这个程度呢，我的学生都会开场演奏会，给父母展示一下。"

她的学生我只认识一个，因为是同一下午上课。那是个汗毛重的黑眼睛高中男生，名叫瑞克斯。他父亲在成衣店上班儿，跟他一样是黑眼睛，汗毛浓重，一双苍白的大手常熟练地翻动布匹，量出客人所需的尺寸。每次我到的时候，他都正准备离开，每次我们都瞥一眼对方，我心中会泛起兴奋的涟漪，好似经历着神秘的冒险。他那张黝黑的脸上，两道眉毛像毛虫般又粗又黑。

一天下午，妈妈穿着民族服装，戴着草帽和海军手套，赴杰西家看我表演。我演奏了《伦敦德里小调》、歌剧《浮士德》中的圆舞曲以及肖邦的前奏曲。演奏完毕，杰西对妈妈说："简弹得棒极了。"

这评价让我开心，也令我困惑甚至害怕。原指望将音乐作为私地，借以逃离这个世界，可如今，他人的

....

1 《伦敦德里小调》是源自北爱尔兰伦敦德里的民谣小调，与《丹尼小子》曲调相同。

评价和期许破门而入，令这愿望化为泡影。唉，演出要直面观众，暴露在众目睽睽之下。唯有逃入内心，逃入"我的领地"，逃入自己尚不确定是否拥有的想象空间，在那里，或许能避开他人的赞许和苛刻的审视。因此，一句"棒极了"虽令我骄傲，我却只想躲起来。看来，杰西是注意到了这点的，她用毁人主体的第三人称对妈妈说："她不大好意思。"

那学期余下的日子里，我又从集子学了几首，每周两次去练琴，雷打不动，只是有些担心，唯恐杰西、她母亲或那只鹦鹉在门外偷听；那间屋虽说舒适，但练琴时，我却从未有过舒适感。此前我并未意识到，家里光秃秃的木地板让人多舒心，虽然会有潮虫、地蜈蚣钻出缝隙，会有蟑螂飞速闪过，没入黑暗。每逢周六，我就同琼去米玛伯母家练琴。那架琴有年头了，调儿都不准，琴键也不大乐意弹起来。我知道没人会听，便草草弹一遍曲子，让琼瞧瞧做姐姐的有多聪明，紧接着便花上很多时间"修理"钢琴，拿它搞搞实验。

不知怎地，他人对我演奏的评价，多少打击了我的兴趣。我开始频繁犯错，新曲子学得着急忙慌，接下来，便寻不到自己在音乐中的位置了。杰西同我坐在软凳上，瞧着我啃烂了指甲，瞧着我没有半月的手指搜寻着琴键，这令我变得缩手缩脚。期末的时候，我学完了最后两首曲子，《牧羊少年》（"仿佛看到时光深处孤独的牧羊少年"）和《致晚星》（"哦，夏娃之星"），音乐课也就结束了。有时，想起那温暖封闭的房间，那光亮而美丽的黑钢琴，孤独感便在心中弥漫开来。有时，我会遇到瑞克斯，见他正沿伊甸园街上行，赶去上音乐课，乐谱夹一下下碰着他汗毛浓密的长腿。然而，他已属于记忆中的时光。我们互相瞟一眼，近在咫尺，却又远隔天涯。

二十五　标记时间

如今，刻苦学习、漫步山野、潜心阅读、努力作诗成了我的全部生活。我渐渐觉察到，每次回答问题后，老师与全班同学都会露出讶异甚至赞赏之色。有天老师又夸我："简真的不一般！"闻言，我再度陷入给他人评价困囿的感觉。自己有独到之处吗？我不这么认为，不过是直陈心中所想罢了。可我得承认，我的心思确乎"与众不同"，而且觉得，这"不同"源自我家庭生活的"不同"：我哥一次次突然发病，令人惊惧，却没人真正理解；父母努力面对，却迷惘无措；哥哥深陷于孤独之中；爸爸尽力克制，尽力放松对女儿们的"管控"；我们忙不迭保证，"不太晚回家，不跟男孩子混，不喝酒抽烟"，认为远离这些"恶习"，一切家庭不幸都会扭转。我并不长于内省，对自己并无真正认识，也没有积极主动地去弄懂自己。所谓"不同"，是来自别人的评价，况且，就连吉布森小姐都这么看，她对伊莎贝尔说，"你们弗雷姆家的女孩儿都觉得自己跟人家不一样"，就叫我不能不接受这种观点了；然而，"与众不同"在学校里就意味着古怪，意味着脑子有点儿"问题"。

不过，我向来笃信既来之则安之；如今，若给问到读什么书，我会带着"与众不同"的标签，骄傲地说出本鲜为人知的小说，而老师又会感慨道："简真是不一般啊！"

就这样，那段时间，年少的自我无家可归，未来的方向朦胧难辨，所以，我迫切地钻入他人替我寻得的、名为"与众不同"的窝，里面的陈设却都是我自己的；毕竟，在过去的两年里，我曾尝试了多种存在方式：一个咯咯傻笑的小女生，背诵搞笑的故事逗乐每个人，做滑稽的模仿，猜各种谜语，玩数学游戏，比如"想个数字将它翻倍"，还有，不懈地尝试学习口技。此刻，我终于安定下来，获得了一定尊重，感到颇为舒心。

我挣扎着，也享受着内心的抱负，享受着所谓的"与众不同"，而与此同时，外面的世界里，远离新西兰的地方，纳粹党掌控了德国，阿道夫·希特勒的演说凭借无线电四处传播。我们模仿他声嘶力竭的表演，模仿纳粹举手礼，模仿纳粹军队的呆鹅正步。我的历史或政治意识几乎为零。我只晓得，米奇·萨维奇和约翰·阿·李是"好人"，而福布斯[1]和考特斯[2]是"坏蛋"。时不时，历史老师会谈起"种族纯洁性"概念，她认为这是件大好事。她还宣称，异族通婚只会产生劣等"人种"，并以毛利人及他国人通婚为例。她颇为自豪地大谈

. . . .

1　乔治·福布斯（George Forbes, 1869—1947）：新西兰第22任总理，任职期为1930—1935年。
2　约瑟夫·戈登·考特斯（Joseph Gordon Coates, 1878—1943）：新西兰第21任总理，任职期为1925—1928年。

白种人的"纯洁性"。也就在那段时间,社会发生了某些微妙变化,犹太人都给认出来,提起他们,人们常常语带轻蔑。人人都习惯了 nigger(黑鬼)一词,不但用以指非洲人,还指黑猫、黑鞋油、黑衣裳。聊起那些众所周知的"混血儿"时,大家都说他们不干不净。

镇上的人越来越关心"种族纯洁性",毫无疑问,这是受了纳粹德国与大英帝国的蛊惑;学校里,"优生"话题讨论得如火如荼,就培育完美种族的可能性,人们各执己见。智商测试一时风靡,人们争先恐后,迫切地想知道,自己算不算是"完美种族"的一员,同时也巴望着别人都不合格。

而我们家却有所不同。我妈就像是全世界小鸟的妈妈,遇到危险便挺身上前,捍卫所有的种族、信仰(当然也不全是,她顶讨厌罗马天主教)和肤色,仿佛这些个都是她的"幼雏"(youngkers),我们就是这样称呼小鸟的;我爸爸也毫无偏见,令他不齿的唯有"阔佬儿"和英国皇室。

虽然在学校老师常对我们讲,新西兰天高地远,可纳粹那一套却像瘟疫一般,竟也感染了我们的小镇。我们规规矩矩地坐在课堂里,听老师渲染某些族裔的邪恶,吹嘘另一些的美德。历史课本中有一章,描写了个别民族及其对西方的险恶企图。曾经小孩子但凡见到怪人,便会编段童谣加以奚落,可我偏偏记得,有那么一天,一位某国老人恰好路过,听到我们唱歌讽刺他,便一脸困惑地望过来,搞得我局促不安,仿佛自己做了件坏事,并且毫无挽回的可能。不仅如此,无论是电台的系列剧,还是爸爸的"塞克斯顿·布莱克"小说，恶棍毫无例外都是"斜眼睛、一脸邪恶之相"。

那年，爸爸患急性阑尾炎紧急入院；也就在那年，我们迎来了新邻居，一位年轻的中国人和他的一家。两家人逐渐成了朋友，我们对中国人多少有了些了解。大家互相上门拜访；一天，年轻人送来一株美丽的水生植物，那是盆水仙花，不久便结出花蕾，馥郁绽放。餐室窗边光线充足，我们便将它摆放在那儿的缝纫机上。每次瞧见它，便感到一种从未体验过的美，精致而纤柔，便忍不住想将它捧到手里，印在心上；不知怎地，一想到它的美，我便不再过多纠结于自己的身体。如今，我校服紧绷且沾满牛棚里的粪便泥污，长袜粗糙厚实打满补丁，一头红发卷曲蓬乱，自自然然朝天生长，不肯弯曲下垂，似乎很是扎眼，惹得人家不住地问："你就不能给它拉直吗？为什么不用梳子梳平呢？你得想办法不让它翘起来，用点儿发油什么的。你瞧瞧，有谁的头发像你那样！"的确，除了斐济人和非洲人，没人像我这样。如今，学校里的人都叫我"卷毛"。

我已年满十四周岁，终于可以敞开使用镇立图书馆了，给点点专栏的信嘛，如今也得寄给高中版。在班上，核心小组的话题中多了些新衣物：胸罩、紧身胸衣、束胸，每样具体是什么，如何穿才合规矩，都讲得一清二楚。这个话题似乎很紧迫，于是当晚我就央求道："妈，我能买紧身胸衣和胸罩吗？"

这两样妈妈从未穿戴过，她柔声道："我不想你把身体给捆起来。"哦，妈妈，你怎会看不见呢？我的胸在长啊，校服上衣都快绷不住了！

看到爸爸回来了，我又提起此事："学校里的女孩子都有穿啊！"爸爸的反应还是老一套："这么说，要是所有女生都单脚跳着去上学，你也要跟她们一样喽?!"

"这是两码事儿!"我酸溜溜地说。

不过，他说的还真没错。我之所以想要，原因很简单，实在是核心小组太强势，什么东西经其渲染，就变得不可或缺，要么搞到手，要么丢死人。她们如今在上交谊舞课，巴望着有天能"亮相社交圈"。她们议论参加男子高中舞会时的舞伴，谈论教堂圣经课后的社交聚会，以及与圣经班的男孩子骑车去"柳树林"玩，还讨论初领圣体及坚信礼那天如何着装。我们家不属于任何法定教会，对这些宗教仪式我一无所知。每次听到有女孩儿问另一个"你要做坚信礼吗？"得到的回答是"要的呀！"我就嫉妒得要死，不但因为那很神秘，也因为此前所说的迫切感。核心小组的言谈我生怕没听清，她们的穿戴举止我眼睛不眨看得分明！我发现，若想置身于古装剧的别样世界，无须阅读拉斐尔·萨巴蒂尼或乔吉特·黑尔，因为那个世界就在眼前，就在坐落于巨石之上、常青藤爬满围墙的怀塔基高级女中。

那年的演讲比赛拉开了帷幕。我很喜欢这类赛事，因为小时候读的校园故事里总有演讲日。再说呢，我感到在怀塔基用词太受限制，所以就盼着有机会用从阅读中学来的词汇；怀塔基也有寄宿生，所以我就用了"宿舍"（dorm）的午夜欢宴、被罚"禁止离校"（be gated）等字眼儿。另外，还说要成为"五年级"（Fifth

Remove）[1]的一员，去到"海滨"度"假"（Hols）[2]（可问题是，奥马鲁就在"海滨"）。比赛的主题是"发明家或探险家"；多年来，我一直崇拜伯克、威尔斯[3]和芒戈·帕克[4]这几位探险英雄，也就顺理成章选了帕克，并杜撰出不少细节，一一牢记在心，比赛时一举夺得头奖，不但自己开心，爸妈也跟着高兴。

猛然发现，又是一个夏天了。默特尔已经消失，几乎了无痕迹。有时我努力回想她，却发现她的样子已经模糊不清，只记得膝盖上那道蜈蚣状白色伤疤，那一头金发，留着琴吉·罗杰斯式发型；还记得她的重拳、她的掐捏、她的背后一击；还有，那时我挺担心她，不晓得将来她会变成什么样。她那般无所畏惧、酷爱冒险、叛逆不羁，规矩根本不放在眼里。妹妹伊莎贝尔越来越像她，管你是哪个，都别想让她服从。而我呢，依然因为恐惧而对大人俯首听命，甚至改变自己，以迎合他们对我的看法。我也叛逆，但只在内心深处，活跃在想象力之中，虽然我甚至不敢肯定，自己是否拥有想象力，毕竟至今无人提及此点。

那年夏天，我们与玛格丽特及其弟妹又成了玩伴，这大约也在情理之中。我们一起玩成人版玩偶；人偶们

· · · · · · ·

1 按照旧的英国学制，Fifth Remove 指的是通过考试进入如今的 10 年级，到了这个阶段，学生等于升入高中，可以去掉一些科目了，学习更加专业化。
2 作者没用 Holidays，而是用了当时时髦的 Hols。
3 罗伯特·奥哈拉·伯克与威廉·约翰·威尔斯 1860—1861 年间领导了澳大利亚历史上首次从南向北的大探险。
4 芒戈·帕克（Mungo Park，1771—1806）：苏格兰外科医生、探险家，首个看到尼日尔河并讲述它的西方人。

过着好莱坞式的生活，如胶似漆，偷情通奸，分道扬镳；每人操控一个玫瑰粉的丘比小玩偶，它两腿紧贴着，身穿做工精美的人造丝礼服，给我们用手举着，从一个房间拿到另一个房间，再放进铺着人造丝软垫的纸板别墅，从一张床推到另一张床，与此同时，配以应景的动作和对话。

每过几个钟头，他们便换身衣服，每个场景都配有一件华美的礼服，比如用"茶点"时穿的礼服，品"雪利酒"时穿的礼服。他们还会紧紧相拥着跳舞，舞罢便溜到露台上亲吻，商量着要"一起远走高飞"。那个叫尼格尔、尼尔或雷蒙德的男性角色，总穿着晚礼服，前面露出雪白的衬衫，外套燕尾服，一条黑色人造纤维就是长裤，因为其双腿紧贴一处；论到行为举止，他们就像是"狼"，每到欲火难遏时，便会撕下温文尔雅的面具。这游戏我和妹妹们不久便玩得纯熟，索性撇开丘比玩偶，直接在卧室里真人出演，但也觉得颇为不妥，于是便隐晦地称之为"玩那个"。我们往往心照不宣地说："咱们玩那个吧。"

这游戏持续了整个夏天，后来不知为何，也许单纯是玩久了，便渐渐生出腻烦来，不再玩也不再提了。我们又恢复了老习惯，翻山穿谷，长距离漫游。磨磨的奶如今"干"了，蓝蓝怀了第一胎，奶也是"干"的，不过，等到开学那会儿，就该下犊子了。

伊莎贝尔、琼和我如今都既写诗又作散文。我认为，伊莎贝尔写得最"出色"，未曾去过的国度，未曾体验的经历，在她笔下都栩栩如生、精彩纷呈。琼则不同，依我看，她最具诗性，遣词造句诗意盎然，譬如"梦幻""迷蒙""迷失的星"等。不过她的诗颇为虚幻，极少涉及现实。说到自己的诗，结尾每每令我满意，其结构甚为严谨，除非迫不得已，韵式力求规整，只是少了琼那种朦胧出尘之美。那是令我赞慕的特质，我认为，那就便是难以捉摸的"想象力"。

多年来，词语支配着我的生活。如今，驱动我生活的，是不懈追寻、不断需要"一个词"，它就是"想象力"。

二十六 早春的雪

新学年我们升入五年级上，依旧是那个小班，可比起四年级时，同学少了很多；不过，有些课呢，我们是跟原 4B 班的"乡下"及"公交"女孩一起合上的。核心小组依旧是霸主，然而随着大考临近，大家更关注学业，我们小小的"尖子生"群体终于露脸了。这个群体只有三人：W，外号"卷毛"的我，以及吉布森小姐的表妹——来自山区农庄的 M。尽管父亲很在意，我却不想跟别人较劲，至少不像 W 那样，连我们几个人的分数和答案都记在小本子上。我们三个通常各做各的数学题。我呢，对解题颇为上瘾，思路清晰的解答带来真正的乐趣。

新班主任法尼小姐身材矮小，照一般的标准，算得上是丑了：一头蓬乱的黑发，鼻子、下巴颏太大，脸上带着红色瘢痕。她嗓音柔和而清亮，灰色的眼眸透着沉静，讲课的时候，大家都能感受到她的激情，那是给英语文学和数学点燃的。她说数学乃诗歌之一种，这令我深深迷上了数学，一心要为之奋斗。对她的话我深信不疑，数学成绩从而突飞猛进。

我一向不喜莎翁作品，觉得枯燥无味，味同嚼蜡，是她令我彻底改变了看法。一天，她迈进教室，打开"规定必读"的莎剧《麦克白》，女巫般转动身躯，黑色长袍飘动起来，以与其外貌甚符的女巫腔调高声道：

> 何时姊妹再相逢？
>
> 轰雷、闪电、雨蒙蒙？
>
> 且等喧嚷尘埃定，
>
> 兵戈已歇见输赢。
>
> 那须等到日落前。[1]

读罢便开始分派角色，命我们模仿女巫的腔调朗读，我饰演的是女巫甲。结束后她宣布，期末将演出梦游那幕，由我出演麦克白夫人。我竟有这般好运，真是难以置信！都好几年了，重要角色总是核心小组的，何曾有过旁落？

每天回到家，我都苦练这个角色。在班上也曾朗读，心知效果绝不一般。做梦我都盼着上台的那天。渐渐地，我对莎翁生出兴趣来，喜欢上与剧中人物密不可

. . . .

1　朱生豪译：《麦克白》，《莎士比亚全集》，第 5 卷，北京：人民文学出版社，1994 年，第 195—196 页，引用时有所改动。

分的苏格兰荒原、战斗场面、城堡垛口以及鬼魂造访，也迷上了他的语言，描写天气、天空和黑暗时那么传神，呈现人物内心噩梦时又何其生动贴切。我们三姐妹在家朗读《麦克白》，那股劲头，跟读勃朗特姐妹的小说时一般无二，甚至彼此交谈时，都用上了剧中的台词。暮色四合，伊甸园街与远处的山岗、山谷渐渐融入黑暗之中，归家的鸽群也朝格兰街飞去，我们念道：

> 现在在这半个世界上，
>
> 一切生命仿佛已经死去，
>
> 罪恶的梦景扰乱着平和的睡眠。[1]

时间一周周过去，麦克白夫人这个角色我已练得精熟，然而，备考却渐渐侵占了课表，演戏这类事嘛，本无足轻重，也便给放到一边，再也没人提要演梦游那场戏。这事儿我铭记在心，可老师同学竟忘到脑后，这如何可能?! 唉，麦克白夫人就这么演不成了。所幸我收获颇丰，到底是爱上了莎翁；我以前巴望着能"喜欢"他，能从他作品中找到乐趣，因为但凡是教英语的，无不对他推崇备至，以至于我觉着，不喜欢读莎翁就不配当作家；然而，即便就是装，我也装不出仰慕他的样子。法尼小姐的教法令我的态度来了个180度的大转弯。

要说那段生活是"真实"的，的确有些怪。我全身心扎在英、法文学中，直似走火入魔，每天都会发现精

. . . .

1 朱生豪译：《麦克白》，《莎士比亚全集》，第 5 卷，北京：人民文学出版社，1994 年，第 215 页。

彩的段落和诗歌，每天都努力写作，仿佛经历着一场场冒险。这不是一种逃避；它不似逃离家庭，因为那里的病痛令人压抑，也不似逃离自我的茫然，因为人人都有的衣服我却没得穿；这种逃避甚至不为证明自己是人，不为证明家庭学校外，尚有一个人来人往的世界；我逃避，但并不将自己和生活移入另一个世界，反而是另一个世界，它降临到我身边。文学在这里流淌着，宛如一根根美丽的丝带，飘扬在生机勃勃的绿树交错的枝丫间。它发着光，那不是太阳与季节该有的光，也不是树木通常应得的光，在它的照耀下，每片树叶都熠熠闪亮。那个世界降临了，如邻人亲友或任何人前来串门，他们属于这里，无拘无束；那个世界光顾了我，诗人、小说家及其作品光顾了伊甸园街五十六号，光顾了奥马鲁这座"海边的王国"，带来漫天的词语、无数的人物和别样的洞见。

　　每周评讲作文时，说到我的那篇，法尼小姐都会击节称赞。得此鼓励，写作文便成为我一周最大的乐事。然而，她为何如此我始终不解，懵懵懂懂间，为了能继续得到肯定，便着力使用诸如"梦幻、银白、迷蒙、矮小的老妇、头发灰白的小个男人"等词汇。

　　记得有篇作文是这样开头的，"海的那一边，坐落着莎士比亚的岛屿，她苍老而疲惫的双眸，见证了多少悲欢忧喜。"我痛苦地意识到，我贫于想象，缺乏创造，突然间文章受此赞誉，着实令我惶恐不安。

　　五年级上的头几个月，我过得甚是开心。学习令人欢喜，这与法尼小姐不懈的教导不无关系。她不但说数学即诗歌，还说诗歌俯仰皆是，唯寻觅者无几。这句话激起了我的斗志，下定决心要做自己，绝不模仿周围一向强势之辈。于是乎，我着意培养习惯，关注他人不屑一顾之处，刻意偏离主流观点。在法尼小姐身上，我发现一种剑走偏锋的观察力，即使面对世俗观念，也能发前人所未发，见他人所未见。

记忆中，那时的我既观察外部世界，也从外凝视内在的自我，试图体味他人"审视"的眼光。因为我便是我这副躯壳，以及这副躯壳的一切功能；多数时间，这副躯壳都穿着深灰色哔叽上装。对这行头我的憎恶与日俱增，抵肩处已经绷得死紧，面料粗糙刮手；黑色长袜紧紧封闭、密不透气；夏天的纯白衬衫，冬日的灰法兰绒衬衫，袖口扣得死死的，勒着手腕；尖尖的领子上珍珠状纽扣一路扣上去，紧紧裹住脖颈，整个将我密封起来；黑色鞋子的鞋带捆牢了我的双足；学校规定的手套、帽子或贝雷帽；最后两道桎梏，一是结在颈前的黑红相间的领带，二是结法独特、系于腰间的吉布森学院绿腰带；我感觉这套装束像一副轭具，令我陷入了无力的境地。与之相反的，是两个妹妹对我"身材"的评价，这个我是摆脱桎梏、裸身站在卧室镜前的我，比较的对象是她们的、电影明星的以及理想的身材。我的观点固然重要，但还是乐于从俗。大家最终认定，三人身材都"不赖"；我们在镜子前昂首挺胸，走来走去，一边尖着嗓子，学美国人的腔调唱道："你欢喜我的身材吗，杰布斯？"（杰布斯是加杰巴鲁斯的简称，他同梅·库尼都是我们儿时杜撰出的玩伴。）妹妹们说，我的脸呢，除了秀兰·邓波儿般的酒窝外，只能说是"一般"。此外，我们仔细研究了各自的肤质，数了数脸上的黑头与粉刺；当时有条诱人的广告，讲有个女人脸上长痘，出门得戴宽边帽，帽檐阴影刚好遮住脸，多亏用了某种药皂或软膏，脸上痘痘全消掉。

这还不算，"个性"问题也困扰着我。谁不得有"个性"呢，可自己个性如何，还真弄不明白；不过，也顾不得那些个性是真是假，反正多少弄些来装装门面。法尼小姐读了我在点点专栏发表的诗作，有天便问我："简，告诉我，你真的在写诗吗？"我的脸腾地红了，尴尬地扭捏起来，见状她对全班说："简是太害羞了。"这句话钢琴老师杰西·C不也讲过吗？既然法尼也这么说，那这肯定是优点啰，也合乎诗人气质，那么，"害羞"就算我的一个个性特征吧。

身体上的束缚令我难受，而抬眼望去，外面却是广阔的世界；因为种种桎梏，我挤奶时脾气变得糟糕透顶；磨磨和蓝蓝都下了小牛犊，正是奶水"充盈"的时候。我开始写日记，起初学人家的套路，因为知道，写日记的人呢，下笔第一句总是"亲爱的日记本"，可怎么都觉得，打招呼这事儿很荒唐。不过也没太较真，还是依了老规矩，只是改作"亲爱的阿登乌先生"；阿登乌先生纯属杜撰，他是位和蔼可亲的老人，长长的灰胡须，"笑眯眯"的双眼，统治着阿登乌国，那是我一首诗中讴歌过的国度。我以前的诗，主题大多不离身边的人与事，而如今，却将笔墨集中在阿登乌国，随心所欲地创造人物。其中几个始终在场，极为重要，有统治者阿登乌先生，有"老去的青春泡沫"（其创作灵感，源自一日观海，见浪花碎溅于沙滩，泡沫随即变得褐黄），还有"吉卜赛大学生"[1]（出自阿诺德的诗，这吉卜赛人大约是我的"初恋"，我心目中理想的男人，他唤醒了早年我对吉卜赛人的感情，唤醒了我对老梅格·梅瑞里斯的亲近感，也唤醒了我对所有黑夜里穿过市镇的叫花子和流浪汉的特殊情感，当然还有囚徒，也是在夜里，月光照耀之下，他们向往着自由，但与吉卜赛大学生一样，却只拥有一种不寻常的自由）。那年，我第一次读到阿诺德的诗，读过之后，居然会去编织关于未来的梦，梦中的他不但是大学生，也是无羁绊的旅人；他生性羞怯，很少有人哪怕瞥他一眼；只有自然，只有广袤的森林、高远的天空、变幻的天气、流转的四季，才会令他彻底放松下来。

阿登乌国有几个人物，怎么瞧都像是来错了地方，因为它们是"我洗好的盘子"。它们虽貌似平常，最终却可能非同寻常，这点强烈地吸引着我，怎能不邀请这类人物出场，满足一下自己的好奇心呢？"我洗好的盘子"就是它们的名字，每条日记中，我便是如此称呼它们。此外还有"新西兰金色小贵妇"，将其安置在阿登乌国，一是受到妈妈诗歌趣味的持久影响，二是她与诗友（她与一两个写诗的人保持着通信联系）钟爱描写"科槐

· · · · · · · ·

1　指是英国诗人马修·阿诺德诗作《吉卜赛大学生》中的主人公。这首诗的英文名是"The Scholar-Gipsy"，讲的是一位牛津大学的学生辍学出走，同一群吉卜赛人去流浪的故事。王佐良先生将题目译为《学者吉卜赛》。上述两种译名都无法直接体现原名中包含的丰富意蕴，但又无法以解释的方式译为《与吉卜赛人为伍的大学生》，故只得采用第一个译法。

花"[1]的作品。还别说，她的一位朋友前不久出版了一部诗集，就叫《科槐花》。我心下赞叹，于是拿来一读，看完前言才知道，作者是位盲人，这倒合乎当时的潮流，也为妈妈所看重，这事再一次证明，人可以战胜残疾，获得荣光。我笔下的"新西兰金色小贵妇"，是几朵业已凋零的科槐花，就落在奥马鲁一处花园里。心爱的白杨树也给我带到阿登乌国，松园亦一座不落地移植过来，此外还有每晚海上升起的明月。通过创造阿登乌国，我赋予了一个崭新的、内在的"我的领地"以名称，令它成为确切的存在。

高中校服将我们这些女生严密封裹起来。可即便如此，1939 年 8 月的一天，初潮竟通行无阻地流出，令我惊诧不已。对这血液的逃逸，我本该有所准备，可我大意了，早已忘却，在那遥远的过去，曾有默特尔和她的"月事"。我甚至不知该如何称呼例假；"月事"是以前的说法，早已过时，如今女学生们都说"身子不爽利"。

早上醒来，发现双腿间血糊糊的那天，我快满十五岁了。我吓傻了，随即蹿出卧房，冲进餐室，站到每遇大事妈妈站立的位置。那位置备受尊崇，就在缝纫机旁，窗口射进的阳光恰能照亮它。平时，站在那儿是不允许的，就怕不安全，万一有风暴和闪电怎么办？

我颤颤巍巍地说："我流血了，就在腿中间。"

妈妈轻描淡写地说："是'月事'啊。"

. . . .

1 科槐花（Kowhai Blossoms）是非官方的新西兰国花，呈金黄色。Kowhai 是毛利语"黄色"的意思。

听了这话，我的记忆渐渐复活了。不过，八岁时就已谙熟的原因和原理，还是没能想起来。妈妈将一条旧浴巾裁成长条，让我别在汗衫的前襟和后摆上，至于买来的现成卫生巾，我们家没人听说过。

"这也太显了。"我快快不乐地看着那鼓起的一块说。

"没有啊，哪里看得出？"妈妈这句谎撒得面不改色心不跳。

明摆着看得出来嘛。接下来几年的中学生活里，我都戴着鼓鼓囊囊的毛巾条，因而备受折磨。下午快放学时，经血已经渗透了毛巾，若低头俯向课桌，便会闻到经血的腥臭，周围的人也定是闻到了，令我羞愧不已。鼓起的一块，腥臭的味道，清洗带血的毛巾，都让我禁不住恶心。人人都觊觎"身子不爽利"者才有的待遇，也就是给送进"级长室，躺到床上"。可就连这我都无缘享受，而对我们班的艺术家 L 而言，那却是家常便饭。来例假时，她那张花容粉面常疼得煞白，与死人无甚分别。

那年八月，一场晚来的雪暴突降，令人始料未及，山区里冻死了许多新生的羔羊，就连奥马鲁这个海滨王国，有几天也为深雪所覆盖。经血带来的震撼方过，暴雪便随即而至，这一紧密衔接具有文学的完美性，它通常不属于凌乱无序的生活，而且这种鲜血和白雪的组合，让人想起《格林童话》中雪地上一再出现的血迹[1]，或标

----

[1] 《格林童话》中多次有雪地洒血的情节，比如《杜松树》与《白雪公主》这两个故事。

志着灾难，或显示出奇迹，二者均决定了故事人物未来的方向，同时也触动了我这个高中女生若蛹壳包裹下的生活。然而，当时的我还无法说清这背后的关联，于是便作诗两首，寄给点点专栏。其中一首题为《早春的雪》，沿袭了一贯的风格，开头是这样的：

> 轻旋的雪花似云雾般覆盖了山边，
>
> 紫罗兰倦怠地沉浸在芬芳中呢喃，
>
> 朔风整夜悲诉着故事孤独而哀怨。

此前我们一直在研读威廉·库珀[1]的诗作《致玛丽》：

> 这般阴云密布的天穹啊，
>
> 二十年前首次将我困扰，
>
> 真希望这次会是个终了！

另一首诗题为《黑鸟》：

> 精美的白色雪花纷纷飘落，
>
> 这是春的讯息，没错，啊，没错。

大约就是这样。结尾处我写道：

> 整个世界苏醒了，为歌声而激动，
>
> 荒凉的山麓不再凄冷。
>
> 一朵番红花绽开了笑颜，

· · · · · · · · ·

[1] 威廉·库珀（William Cowper, 1731—1800）：英国诗人，长于描写日常生活和英国乡村场景，引领了18世纪自然诗的写作方向，为大诗人柯尔律治和华兹华斯所推重。

在银装素裹中微微点头，低语轻声。

令我开心的是，点点对两首诗大加赞赏，并选《黑鸟》为"每周一诗"。要知道，通常只有"真正"的诗人才能获此殊荣。不过也有些不开心，因为点点将"欢快"（gay）的黑鸟改成了"快乐"（blythe[1]）的黑鸟，而我认为，"blythe"一词颇为别扭。精心选择的词竟然给人改掉，这令我很多年都恼意难平，也让我想起，当年默特尔也曾逼着我，将"触摸天际"改作"渲染天空"。

我十五岁生日到了。生日派对是一种奢侈，在我们家闻所未闻，那天平淡地过去了，与平日毫无区别。我依旧在家练习麦克白夫人说话，越发体味到其中内涵："这儿还有一股血腥气；所有阿拉伯的香料都不能叫这只小手变得香一点。"[2]

我自己的双手呢，却因天天挤奶之故，变得强壮有力。

我持久沉浸在阿登乌国里，频繁幻想着那位吉卜赛大学生，而法尼小姐推荐的一本书，伊丽莎白·古吉所著《雾中塔楼》[3]，令这种倾向愈演愈烈。那故事讲述的是牛津大学及学生，笔调浪漫，全班都给迷住了，核心小组也不例外。在阿诺德笔下，那吉卜赛大学生"沉思且

. . . .

1　blythe 是古英语"欢乐"的意思，与 merry 近似，现极少用，常做姓氏。

2　朱生豪译：《麦克白》，《莎士比亚全集》，第 5 卷，北京：人民文学出版社，1994 年，第 266 页。

3　伊丽莎白·古吉（Elizabeth Goudge，1900—1984）：英格兰小说作家、短篇故事和儿童文学作家。《雾中塔楼》出版于 1938 年，以小城牛津为背景，文笔优美，故事引人。

缄默，关注者寥寥；吉卜赛人打扮，头戴古董帽，身着灰长袍，"（我想到了老梅格的"破草帽"）"木桥上与我擦肩而过的难道不是你，/ 紧裹长袍冒雪踽踽独行，…… / 鹅毛大雪纷纷飘落，你回头张望，/ 基督教堂大厅那一道节日的光……"。

读了《雾中塔楼》，我愈发向往牛津大学，渴望遇到那位吉卜赛大学生。然而，我也感到一丝不安，甚至有些失望。法尼小姐向我们展示了那么多英语文学作品，可却对此书推崇备至，就写法而论，它与 L. M. 蒙格马利的"安妮系列"其实并无不同，缺乏实在感，沉浸在迷雾般的朦胧中，瞧不见坚实的依据。不过也得承认，牛津的蓊郁翠绿和金碧辉煌，生活于斯的小老头和小老太，人物怀有的梦想和经历的梦境，都凭借柔美的笔法呈现出来，而且当时的我仍认为，其所用辞藻为诗歌创作所必备。

不过，身为教师的法尼小姐，属于她自己的那个时代。据我们所知，她人到中年，单身未婚，免不了会有传闻，说她"男友"命丧一战。她已游历过英格兰，完成了这一生最重要的"归家"之旅，而此行留下的珍贵记忆则悉心保存在"幻灯片"上，作为特别奖赏在课堂上为我们播放：城镇小巷，乡间村舍，断壁残垣，城堡要塞，高等学府，哦，那一所所大学，牛津、剑桥……雾中的塔楼……她将梦想寄托给我们，我们将之变为自己的梦想；如今，大家满脑子都是大学入学考，都是拿到学位，毕业后做一番事业。几个有哥哥姐姐上大学的女孩子，会聊起他们的大学生活，而我呢，则一头钻进文学海洋里，发现许多诗人都是上过大学的。

我常想，多亏妈妈和学校课程，甚至还有默特尔之死，我才得以拥有文学世界，否则，我的"真实"生活会沦落到何等地方。我执拗地要呈现身处的世界，而不是消失于其中，这益发激起了写作欲望；毫无疑问，文学世界属于日常世界，除了此处，我还能在哪里安放它？这日常世界便是奥马鲁，这海边的王国。我认识的奥马鲁人当中，有些难道不是业已为"饥饿的世代"所"践踏"吗？我们奥马鲁人不是业已拥有文学的一切元素吗？譬如月亮、星辰（"灰色的星，我愿如你那般坚定"[1]）、大海、人们与动物，以及羊群与牧羊人（"去吧，牧羊人，他们从山间向你召唤"[2]）。奥马鲁的山峦上云雀翱翔，时而振翅高飞，时而敛翅俯冲（"祝你长生，欢快的精灵！"[3]），鸽子、红额金翅和蜡眼众声喧闹，盖过了夜莺的啼鸣。

那年九月初，我仍沉湎于众多小说及诗歌人物中，沉湎于阿登乌国的居民中，脑海里时常浮现出雪地上的血痕；我曾立于餐室窗边的天光中，桀骜地面对天际的风暴与电闪；而此时，新的风暴和雷闪不但劈向我们家，也劈向新西兰奥马鲁伊甸园街的所有屋宇，更劈向整个世界；第二次世界大战爆发了！

· · · · · · · ·

1 原文是"Pale star, would I were steadfast as thou art"，颇似济慈的诗《灿烂的星》的首句（Bright star, would I were steadfast as thou art）。
2 这是《吉卜赛大学生》中的诗句。
3 雪莱《致云雀》之首句，译文乃穆旦先生手笔。

二十七 "不会是你吧，贾斯珀？"

我若是座城，战争的冲击便已撕裂了每一座建筑，埋葬了每一个人，抑或如火山喷发后，麻木感像岩浆般恣意横流，将一切封存在静默的石头面具之下。我从未经历如此冲击，从未感到这般虚幻。我晓得，历史上战争频仍，但那是在遥远的地方，在其他国度；我知道，父亲也曾"参战"；我钟爱的故事中，有些描述的便是年轻士兵"奔赴沙场"，受伤的老兵"退伍返乡"。我曾陶醉地倾听林赛小姐朗读《威灵顿公爵之死颂》，兴味盎然地阅读对亚瑟王时代战争的描写："于是从早至晚喊杀声不绝于耳"[1]。年复一年，我在《校刊》中反复读到：

> 佛兰德原野上，罂粟绽放
>
> 在一行行十字架之间，
>
> 标志着我们在那里长眠；
>
> 天空中，云雀依旧勇敢歌唱，飞翔，
>
> 大地上隆隆的炮声淹没了这声响。[2]

在怀塔基男子高中纪念堂举行的澳新军团日（Anzac Day）[3]纪念活动上，我曾听米尔纳先生朗声颂扬大英帝国在战争中的赫赫武功，并动情地歌唱如下情景，且未

. . . .

1 出自丁尼生的《亚瑟之死》。

2 出自加拿大诗人约翰·麦克雷（1872—1918）的一战名诗《佛兰德原野上》。

3 每年的4月25日，为澳大利亚与新西兰纪念历年为国捐躯者的日子。Anzac 是 "Australian and New Zealand Army Corps" 的首字母，即第一次世界大战时的"澳新军团"。

不合时宜地将之想象成恐怖画面：

> 哦，勇敢的心，你的光荣
>
> 穿过硝烟与战火降临：
>
> 你静躺着，骑士美德已得到证明，
>
> 你挚爱的土地尊你为圣，铭记心中。

我知道，妈妈信奉的教派崇尚和平，她两个兄弟一战时不愿杀戮、拒服兵役，因而锒铛入狱。我试着想象那些熟识的奥马鲁人，譬如沃尔什兄弟、伊斯顿兄弟、拉克森父子，甚至还有杰克·迪克森，想象他们成为新战争故事中的人物，背着背包或提着行李，兴高采烈地开拔，奔赴战场。我曾以为，战争嘛，那早已是过去的事情。

震惊稍逝，我慢慢缓过神来，心中弥漫着无可排遣的悲伤与幻灭，于是乎，便再次投入诗人的怀抱，因为我坚信，雪莱称诗人为"世上未被承认的立法者"[1]，实乃千真万确！他宣称"诗拯救了降临于人间的神性，以免它腐朽"，我亦有同感。我觉得，若想把握这世界的风向，理解人类的行为，明了人心的奥秘，我该做的，就是研读这世上的诗歌与小说。既然此前诗人教给我何谓死亡，也以诗笔传达了我的所历所感，那么，他们也会将战争的真相不吝相告。

突然间，不仅奥马鲁，整个新西兰都似乎陷入疯狂，似乎"宣战"是令人激动不已的礼物。我们家也忙乱起来，空气中充满期待，哥哥盼着扛枪打仗，爸爸则

- - - - - - - - -

1　语见英国诗人雪莱之《为诗辩护》，此处及下行引文均为缪灵珠先生的译笔。

194

回忆起当兵的日子，翻出了以前的"绑腿"，那是打完他的战争后带回家的，收藏在一只旧皮箱里，一直没动过。"瞧瞧我的绑腿"，他一边动情地说着，像是重遇旧友，一边演示如何用它缠紧裤腿，"这样，战壕里的泥浆就进不去了。"语气里带着过来人的得意。之前，对战壕里的事儿，他几乎绝口不提。这个词只出现在妈妈嘴里，她总说，"孩子们啊，爸爸可是在战壕里打过仗的呀"，好让我们明白，为何他动不动就黯然神伤，为何没来由就火冒三丈。上小学那会儿，我们也曾用这个词捞些荣耀感，"我爸可是在战壕里打过仗的"。

整个城市发着战争烧。年轻人争先恐后报名参军，绝少有人质疑，"团结起来保家卫国"是应尽的义务。一面面国旗出现在建筑物上。电台里播放着《统治大不列颠》，就连妈妈这位和平主义者，都紧握拳头愤然道："一定要给希特勒好看！"报纸印出大幅地图，上面画着小红旗，标明马其诺防线与齐格菲防线，以及其他军事要地，下方注明，"小红旗表明的是盟军每日作战进展"，仿佛战争不过是一场游戏。爸爸和布鲁迪都上城里报名参军，爸爸加入了新成立的国民预备役，发了一套军装，而布鲁迪参军不够格，便入了地方志愿军，也不知从哪儿弄来顶帽子，跟顶着个猪肉馅饼似的。学校里，学生各自的地位也悄然变化，因为父亲成为少校上校，或者哥哥加入第一梯队，以前默默无闻的姑娘一下子身价倍增。第一次世界大战（这是如今的官方称呼）的"伟大"终于遭到质疑，而爸爸在当时不过是下士、信号手和担架兵。

我在家依然忙日常那些事儿，挤奶（布鲁迪常常帮我），轮流骑爸爸的单车去镇上打听消息，想尽法子缝补校服，因为它常给山上和公牛围场的铁丝网钩破；此外，还跟妹妹们争来吵去、比这比那，家务活能逃便逃，偶尔也下厨，是因为我"发现"竟然可以做素银鱼[1]，便试验了一把；战时是"替代"食品（mock food）的年代，这个概念令全家人惊恐不安，难道食物上也能作假吗？这让我想起当年听说外面流行永恒波浪[2]时的情境。

那阵子，总的来说，我找来读的诗都较为浅白，但附上了年轻诗人英俊的戎装照，便显得甚是隽永。"恐怖夜色下的城市"[3]我无法面对，感觉"就好似穿过荒漠"，那才是战争的真容，于是，我选择肤浅地接受歌颂战死者的作品，鲁珀特·布鲁克[4]成为心目中的英雄，"假如我死去，只须这样想到我"为这崇拜奠定了基调。我们何等迅速地掌握了新的战时语言！男人们一夜之间变成"男孩儿"，"我们的男孩儿"，拿着杀人许可证重返童年。我们的男孩儿，英勇无畏的人。在学校，我们

1　素银鱼（mock whitebait）是战时的一种食品，用土豆丝做成，状如银鱼。
2　见前文，作者的母亲听说这种发型，感到震惊，因为它"造作""不自然"。"替代"食品也是不自然的，故有此说。
3　这是苏格兰诗人詹姆斯·汤姆森（James Thomson, 1834—1882）的长诗《恐怖夜色下的城市》（作于 1870—1873 间）的题目。该诗虽笔调阴暗悲观，却受到大批评家圣茨伯里的称赞。诗中的城市据研究应该指的是伦敦。后一句诗行亦引自该诗。
4　鲁珀特·布鲁克（Rupert Brooke, 1887—1915）：英国诗人，相貌极为英俊，一战期间，创作了大量理想主义战争诗歌，1915 年因病死于加里波利登陆战中，死后葬于希腊斯基罗斯岛。下行引用诗句即出自其名诗《士兵》，译文乃翻译家屠岸的手笔。

嘴边挂着梯队、卖国贼、第五纵队、闪电战等名词，说到飞机型号和烽火中的地名，简直如数家珍。我在诗中写道：

> 金色高草丛中那柔柔的褐色
> 是一只歇息的云雀，远处唱响
> 骄傲的歌声，歌颂走过的男人，
> 他们怀揣男孩般的战争梦想，
> 音符跳跃着落在寂静的街上。
> 哦，是啊，是啊，士兵大踏步
> 走过的日子是那般甜蜜！

这首诗有好几个诗节，最后一节如下：

> 勇敢的人已远去，已远去，
> 可爱的露珠是鲜花在哭泣，
> 小小鸟儿开心点儿请继续歌唱，
> 歌唱，这世界将为你而痴迷。
> 我们该欢笑，眼中却满含泪水，
> 眼看士兵们昂首阔步地行军，
> 寂静的恐惧攫住了我们的心。

此诗与类似的多首均发表在当地报纸上，如今读来令我汗颜，当时却自然而然。关于人性，我还过于天真，远未成熟，描写一场生死存亡的危机，竟然使用了自己词汇库中最新的"诗性"词语，譬如"梦想""男孩般的""甜蜜"，外加用熟了的"可爱""小小""欢笑"。要知道，有不少诗人是我的光辉榜样，比如鲁珀特·布鲁克，他曾写道："迎着阳光笑，吻着可爱的绿草。"[1] 你瞧，鲜花、露珠、星辰、天空等等，这些语汇统御着诗歌，掌握着开启诗歌王国的钥匙。直到几年后，经历了更多的成长，有了更多的观察，我方才意识到，这类词语熠熠闪光的诗歌王国，其实与我灰色的哔叽校服、打结的领带、系紧的黑皮鞋一样，都不啻为监牢。

回想那一年余下的日子，能存于记忆的，唯有恒久的战争噩梦，以及家带给我的噩梦。庆幸的是，季节不断流转，天气阴晴变幻，阅读写作诗歌，默默背诵诗篇，这一切多少减轻了噩梦的伤害，再一次挽救了我。当然，收获的一份礼物也功不可没。演讲日我参加了比赛，题目是《一个文学人物》，我选了那个小老头织工马南[2]，将他描绘成了一个浪漫角色。我得到头等奖。年末时，老师让我挑班级优等生奖品，妈妈的影响再次显现，我选了本《朗费罗诗集》。书很精美，是带插图的那种，每幅插图都覆在薄绵纸下，揭开一张，便现出古铜肤色的海华沙[3]，英俊潇洒，令鲁珀特·布鲁克相形见绌，他双臂托抱着明尼哈哈：

> 双臂托抱着这如花少女，
> 他越过宽阔湍急的河流。

1 出自《山》，译文乃翻译家屠岸的手笔。
2 英国女作家乔治·艾略特小说《织工马南》的主人公。
3 美国诗人朗费罗所作长诗《海华沙之歌》的主人公。下文中的明尼哈哈是该诗的女主人公，一位印第安女子，与主人公海华沙相恋。据说，其名字在印第安语中是"欢笑的水流"的意思。这个人物为后世艺术家所喜爱，成为许多传世画作的主题，德沃夏克的《新世纪交响曲》中的某些主题也受到她的影响。

接着，我便收到了那份礼物。爸爸给我五先令，说去给自己买本书，当作圣诞礼物。那是我花钱买的第一本书。

我想了想，决定买乔治·博罗[1]的小说《拉文格罗》，因为它涵盖了我的许多兴趣点，比如吉卜赛人老梅格和吉卜赛大学生。拿定主意，我便跑去杰弗里＆史密斯文具店，跟人家说要这本书。书中有一段常在课本上读到，我一直渴望能有本自己的，那样的话，想读多少遍都成，尤其是在这战火纷飞的 1939 年。那一段的开头是，"不会是你吧，贾斯珀?"结尾是，"生活是甜美的，贾斯珀。有白昼也有黑夜，贾斯珀，二者同样美好。兄弟，太阳、月亮、星辰，这一切都那么美好，同样美好的，还有荒原上的风。你说说，有谁愿意去死呢?"

二十八 大学入学

如今，回顾读中学的最后几年，日日都陷在战争的噩梦中，阵亡名单天天更新，全校大会上，师生诵唱赞美诗，朗读《圣经》:

> 永恒的天父，强力拯救，
> 臂膀将狂暴的海浪遏住……

· · · · · · · · ·

1 乔治·博罗 （George Borrow, 1803—1881）: 英国小说家及游记作家。

听，我们在向您呼救，

为那海上遇险的信徒……

以及：

奋尽全力打一场漂亮仗……
基督赋予你们权利与力量。

还有：

在这罪恶的黑暗世界里，耶稣的血
轻声低语着，呼唤完美的和平。

我记得，自己庄严且热忱地歌唱着；多首讴歌基督之血的赞美诗，柔缓中隐含着性意味，当时的我却茫然无知。此类诗最得女生青睐，在过去的一两年中，她们大多与血液形成了新的关系，而这种关系，却因战争不断流淌的热血，因这个国度对鲜血的执念而变了味儿。毕竟，其经济主要依赖的，是对牲畜的屠杀与消费。

我升入五年级下，年级长换成了麦考利小姐，数学老师没变，依旧是法尼小姐；我又拿到一笔奖学金，可以减轻买课本的压力。这年，我将迎来大学入学考。这年，也是新西兰建国百年，届时，惠灵顿会举办多种庆祝活动，学校出于爱国教育目的，也将组团前往，躬逢其盛。我们姐妹也想参加，于是以此为由，恳求家人同意。参加学校活动的欲望给再次点燃；年复一年，但凡学校组织校外活动，诸如去库克山郊游（至今我都没去过）、露营旅行等，我们都无奈地放弃同往。我们还提醒爸妈，坐火车铁路家属可是免费的，况且惠灵顿有那么多亲戚，也无须到陌生人家"借宿"。花销嘛，不会比每月的零花钱多多少，虽然零花钱这东西，我们从来没见过。国庆观光团名单确定时，我们三人赫赫在列，令我们尝到了自豪的味道。爸妈之所以最终妥协，多少是因为，想到我们去参加"博览会"，便回忆起达尼丁"南海博览会"的情形，怀旧之情油然而生。

"那会儿默特尔和布鲁迪还小，格蕾丝姨妈和安迪姨夫还住在巴尔克卢萨。默特尔和布鲁迪手里都攥着棉花糖……"棉花糖一再给提及，仿佛达尼丁举办"南海博览会"的日子里，它是最最甜蜜的小幸福。那会儿，约克公爵、公爵夫人及威尔士亲王（哦，那人多可爱！）刚刚巡访过新西兰，家里也刚还清欠国王的家具账，再不用担心国王代理人上门视察，仔细看铁床、实木壁炉前护板、餐桌、四张莫里斯餐椅、沙发和椭圆形炉前地毯等是否状况良好。哦，那些天堂般的日子，"那会儿默特尔和布鲁迪还小"。因为这些，妈妈提醒我们："记着，一定要买棉花糖。说不定往后再没机会了。他们俩也只在博览会和类似的……"

我们乘轮渡前往惠灵顿，航程颠簸，所有姑娘都晕得一塌糊涂，几位带队老师中，林赛小姐也晕得厉害。夜里我吐了好几次，每次她都扶着我的头，一边提醒大家："记着要随着船晃，一定要随着船晃。"破晓时分，晨曦居然透着海绿色，观之令人作呕。林赛小姐瘫坐于楼梯上，面色灰绿，憔悴不堪。即便如此，她依然抬手，指着渐渐清晰起来的惠灵顿港，要我们注意观察它周围的地貌。她说："姑娘们，这左右都算是次教育旅行啊！"

我们团队到新城学校住宿，然后依照事先的计划，按部就班地开展活动。我们三姐妹则单独行动，先去拜访我妈"娘家"那些从未谋面的姨妈、姨父、表兄弟、表姊妹，随后，去博览会逛了两天，尽情玩了一番，不但花零用钱进了游乐场和镜子迷宫，还坐了趟鬼魂列车。最后找到个看笔迹算命的吉卜赛人，他说我受"个性"问题困扰，还说我太害羞，太在乎别人的看法。这有什么新鲜，我早就知道了。

从博览会回来，跑不掉要写篇作文的。我写的呢，是参观教育法庭和劳资法庭的愉快经历。棉花糖我们还真吃了，不过偷偷摸摸的，生怕给人撞见，怀塔基女高的学生怎能在公共场所吃东西？！我一边吃，一边就想明白了，爸妈是借它来追忆消逝的美好往昔。多少因为这个，我们宣称道，那东西其实很一般，我们嘛，更中意扎扎实实有料的吃食。我心里清楚，妈妈的期盼落空了，她意识到，即便我们带回了崭新的记忆，旧时记忆也无法因之而重生。"默特尔和布鲁迪还小"的那段时光平静而幸福，如今却已遥不可及，甚至业已烟消云散。

怅惘归怅惘，我们三姐妹却也有了自己的"棉花糖"：此次教育旅行给了我们巨大的自由与快乐，令人终生难忘。因为它，有段时间我甚至忘却了战争，也忘记了大学入学考。

回到奥马鲁的日常中，我们不得不再次面对伤亡名单、流言蜚语、晨光中的赞美诗以及老师同学挂在嘴边的"考试"。我也返回自己那个诗歌与小说的世界中，不断发现新的篇章。每次阅读如《不朽颂》[1]之类公认的"名篇"，我都因自己能为之"感动流泪"而欣喜，因为觉得，能给触动至斯，这样的诗，其伟大自是毋庸置疑！每晚翻开日记本，我便想，若能给阿登乌先生写封信，就说"今天在课堂上掉了泪，因为读了……"紧接着写上诗或小说的名字，那该是件得意的事吧。我的哭泣人家听不见，而且据我所知，也没人注意到，然而心里却盼着老师能瞟我一眼，恰见我抹去一滴泪，心想，"哦，瞧瞧简，看她给诗歌感动的。这孩子既有诗情，也有想象力，就是位真正的诗人。"老师这番感慨纯是我的臆想，毫无真凭实据。此外，我渴慕已久的想象力依旧躲着我，难觅其踪。

如今，大家满脑子都是日益临近的考试，这可是大学入学考啊。姑娘们开始谈论大学课程，憧憬大学生活，有几个居然放肆地称"大学"为 varsity[2]；说"放肆"，是因为那种老练的语气，令我十分诧异。《雾中塔楼》、吉卜赛大学生、华兹华斯的《在剑桥大学国王学院的教堂里》、《无名的裘德》与基督寺的塔楼[3]、雪莱、拜伦、马修·阿诺德，这一切如今携手编织了一个梦想，取代了好莱坞之梦；我不再向往唱歌跳舞，不再渴望光鲜亮丽

. . . .

1 华兹华斯所作，黄杲炘先生译为《颂诗：忆幼年而悟不朽（不朽颂）》，见《华兹华斯抒情诗选》，上海：上海译文出版社，1985年，第182页。
2 英国英语词汇，是 university（大学）的简称，有种老油条的味道。
3 基督寺（Christminster）是英国作家哈代小说《无名的裘德》里一座虚构的城市及大学。

地游走于电影明星间。可是，偶尔有十几岁的新锐歌星如朱迪·嘉兰[1]、迪安娜·德宾[2]前来演出时，这渐行渐远的梦依然会突然亮起。同样地，我也为一档选秀节目而激动，它就是《新西兰寻找自己的迪安娜·德宾》，参选的女孩子成百上千，颤声唱着《亲吻》[3]（"温柔地照亮黑暗中的我，破晓欢笑着的光线照亮我，回来了，是的，回来了……"）与《潘神的笛声》（"来吧来吧，紧随着、紧随着潘神欢乐的笛声"）。我伯母（唉，只可惜不是娘家人）的两个外甥女居然入围省级决赛，仅仅惜败于呼声极高、最终夺冠的琼·巴森[4]，后者自然是来自奥克兰啰。这次选秀我始终关注，两位亲戚的成功仿佛就是我的成功，足够炫耀一番。

渐渐地，我的脑海中形成了一个自我形象：一位有别于自身的诗人。阅读时，凡遇见克己而孤独的女主人公，我便自然而然与之产生共鸣；这位"样貌平平的简"[5]，默默忍受着煎熬，毫无奢望地爱着坚强而讷言的男主人公，而他呢，轻易便为光鲜亮丽的女人所迷，可最终总是转向这个羞怯的女子。她始终影子般相随左右，而他竟会视而不见，然而遗憾的是，一切都已太

- - - - - - - -

1 朱迪·嘉兰（Judy Garland, 1922—1969）：生于美国明尼苏达州，童星出身的美国女演员及歌唱家。

2 迪安娜·德宾（Deanna Durbin, 1921—2013）：加拿大女歌手，后移居法国，是 20 世纪三四十年代音乐电影时期的宠儿。

3 《亲吻》原本是一首意大利歌曲。

4 琼·巴森（June Barson），本名 June McDonald，1938 年荣获"迪安娜·德宾小姐"奖，时年十四岁，其后并未投身演艺。

5 简·爱是这类女性的代表，所以有如是说。

晚！我将自己视作隐在"背景"里的人，观看着，倾听着。我不是蓓基·夏泼，我是爱玛[1]。然而，我也是苔丝和马蒂·索思[2]，正如我曾是绿山墙的安妮，曾是夏洛特·勃朗特（伊莎贝尔是艾米莉·勃朗特，琼是安妮·勃朗特）。我还是麦琪·塔利弗[3]、简·爱以及凯瑟琳[4]。书中没有心仪的女主角时，我自然转而崇拜男主角，譬如无名的裘德、拉斯柯尼科夫[5]、布鲁图斯[6]，但不包括马克·安东尼，虽然人人都喜欢他。此外还有银幕上的男主角，比如罗伯特·多纳特[7]、劳伦斯·奥利弗[8]、克拉克·盖博。当然，我心目中永恒的男主角是诗人，法英皆有，如都德、维克多·雨果、济慈、雪莱、华兹华斯、鲁珀特·布鲁克、叶芝（只限于早期写出《以水为镜自

. . . .

1　蓓基·夏泼是英国作家萨克雷名著《名利场》的女主人公，富有手段、颇具心机，人如其名（Sharp），是个狠角色。爱玛是简·奥斯丁同名小说的女主人公，按戴维·洛奇在《小说的艺术》第一章中的分析，奥斯丁对此女褒中带讽，还好，她最终意识到自己自以为是的毛病，获得了幸福。
2　马蒂·索思是哈代小说《森林之恋》（*The Woodlanders*）中默默爱着男主人公的农村姑娘。
3　麦琪·塔利弗是英国小说家乔治·艾略特名著《弗洛斯河上的磨坊》（*The Mill on the Floss*）中的女主人公，是个聪慧、热情、勇敢、纯真的女孩儿。
4　凯瑟琳是《呼啸山庄》的女主人公，率性、奔放、虚荣、善良。
5　拉斯柯尼科夫是俄国文豪陀思妥耶夫斯基名著《罪与罚》的男主角。
6　布鲁图斯是罗马政治家，参与了刺杀恺撒的阴谋。莎士比亚名剧《裘力斯·恺撒》中描写了他的内心挣扎。
7　罗伯特·多纳特（Robert Donat, 1905—1958）：英国著名男演员，查尔斯·劳顿称他为"最优雅的演员"，彼得·塞勒斯甚至说"我以为他是上帝"。第12届奥斯卡金像奖最佳男主角获得者，代表作品《万世师表》。
8　劳伦斯·奥利弗（Laurence Olivier, 1907—1989）：英国著名男演员，导演和制片人，代表作为《哈姆雷特》《呼啸山庄》《傲慢与偏见》等，曾获奥斯卡最佳男主角、终身成就奖等荣誉。其第二任妻子是大名鼎鼎的两届奥斯卡最佳女主角奖获得者英国女演员费雯·丽。

我欣赏的老人》《他希冀天国的衣裳》的叶芝），这些诗人大多出自两本书，一是我四年级优等生的奖品《现代英语诗歌精选》，二是课本《从莎士比亚到哈代》；此外也不乏小说家，例如陀思妥耶夫斯基、哈代、勃朗特姐妹、乔治·艾略特、华盛顿·欧文、E. B. 卢卡斯、托马斯·布朗爵士等。

自然还有莎士比亚。

新西兰作家我所知甚少，仅凯瑟琳·曼斯菲尔德、艾琳·达根、威廉·彭伯·里夫斯、托马斯·布莱肯等寥寥几人而已。我认为，他们全都"属于"妈妈，我没兴趣分享"她的"作家，原因很简单，我与她分属不同的世界。没错，朗费罗们、马克·吐温们、惠蒂尔们既属于她，也属于我，但说到她、她父母或父母的父母熟知的作家，我就敬谢不敏了。那年的演讲比赛题为《一位作家》，我选的是弗朗西斯·汤普森，一位我自己"发现"的作家。班上一位同学选了凯瑟琳·曼斯菲尔德，获得了老师的表扬，因为这是位新西兰作家，此事令我颇感诧异。一向以来，我们所受的英文教育中，别说新西兰作家，甚至连新西兰都绝口不提，仿佛二者根本不存在。

除学习外，中学的最后几年同样过得忙碌而充实。我是篮球B队队员，后来还当上了队长。我拿到了救生技能初级资格证，此外，还热衷于潜水。我一直心心念念要学网球，于是拿出在《真相》杂志儿童版发表诗歌所攒"积分"兑换的一英镑，购买了一只网球拍。那就是个空架子，不过不打紧，爸爸有个熟人，答应给绷线，还能打个折。球拍拾掇好拿到手时，我人一下懵了，那线居然是黑色的，该是乳白色的才对呀，我顿时羞愤难当，直言道那拍子简直"怪模怪样"。拿着只处处与众不同的拍子招摇过市，我可没那么大勇气。那拍子就带去过一次学校，我敢打赌，"谁都注意到了它"，之后便再没用过，扔到衣柜顶上，与两只大大的玩具娃娃为伍，一只着粉衣，一只着蓝装，两件衣服都是伊瑟姑姑的朋友制作的。两只娃娃原本是给琼和伊莎贝尔的，可送来时，两人都觉得自己长大了，才不稀罕玩小孩子家的玩意儿。不过也好，因为姑姑嘱咐她俩，那衣服可是"老太太精心编织的"，千万得保护好……束之高阁的球拍与打入冷宫的娃娃一直待在那儿没挪窝，后来琼有了孩子，便成了他们的玩具，小家伙们可不管球拍有何特别，也不在乎会不会弄坏"精心编织的"娃娃衣裳。那时，伊瑟姑姑的朋友已经辞世，她自己也已故去。

那年，我们家的猫都染上肠炎，相继死去。眨眼也死了，我"抓住"这件事，为它写了首挽歌，以"阿美拉"为笔名寄给《小邮报》。我深深地迷恋诗歌，随时准备将一切写入诗中，就像小鸟编织它的巢。这个比喻甚为贴切。你瞧，核心小组的成员们，这些在班上一如既往强势的人，如今有了新爱好，为自己准备"妆奁"，一个我从未听说过的词。她们不再关心生日或圣诞收到何种礼物，而是忙着收集各种家居用品，比如亚麻布织品、刀具、瓷器，每多收一件，便热烈讨论，详细描述。无论觉得与她们何等遥远，我都得承认，我与她们有着近似的追求，都在为各自憧憬的未来收集物品，只不过她们收集的是家具用具，而我收集的则是各种经历和虚构的人物。前面讲到自己"抓住"眨眼的死，创作了一首挽歌，可以说，我是在还那些描写默特尔之死的诗人一个人情，将眨眼之死与我的感触与世人分享。我为未来收集的经历，并非如家居织品和刀具那样为个人所用，而是在我渐渐意识到的称为历史的河流中，为众人所用。

我常以"复习考试"为借口，求爸妈别给我派活儿。有时却无法奏效，还得去挤奶，不过还好，有布鲁迪和琼这两个固定帮手。我们漫山遍野地寻找蓝蓝和磨磨，居高眺望港口、大海与海角，满眼都是熟悉的景物：那栋矮小无窗的房子，我们依旧称为太平间的，给我深深地印在脑海里；那公园，维斯马戏团和六便士动物园年年都在那儿安营扎寨，我们巴巴地想看马戏，却从来没进去过，只能扒在帐篷底下，使劲偷瞄几眼；那条林荫路；忆起眨眼颤巍巍地立在我肩头，心里一阵难过，随即想到海水泡沫、吉卜赛大学生、阿登鸟以及我所读小说中所有的人物；我憧憬且惧怕未来，因为尽管做着大学梦，却知道只能去读师范，原因是，师范生不像普通大学生，是有工资拿的。

父母从我们的生活中渐渐隐退。跟他们我们只聊学校的事儿，目的很明确，就是要钱买这买那，要么要得到，要么要不到。学校的功课他们弄不懂，我们也就不耐烦讲。我察觉到，妈妈跟我一样，都逃进诗歌里寻求庇护。我内心很痛苦，也就变得麻木不仁，对某些她钟爱的诗人品头论足。看着她脸涨得通红，极为沮丧的样子，我竟残忍地感到快活。她像个殉道者似的，无微不至地伺候家人，令我对她心生怨怼。我忙着为自己活，而她却总是瞅机会伺候别人，还生怕照顾不周。这让我感到内疚，但也因此恨她，她不那样做，我又何来内疚呢？她那个宗教与诗歌的王国，我们无法触及，在那里，她过着另一种生活，旁人无法看到，但却赋予了她绝对平和的心态。这让我很恼火，而且我知道，爸爸也同样恼火。她不是尽力要博得耶稣基督的欢心吗，那就时不时激激她，好惹她发火，或是流露出正常的私心，反正只要情绪不够圣洁，能令耶稣基督侧目就行。每到此时，妈妈便脸色微红，噘起嘴唇，轻柔地唱道：

等主回来，快要回来，

回来收集他的珠宝，

所有的珠宝，珍贵的珠宝，

他钟爱的、自己的珍宝。

或者基督弟兄会的甄选之歌，"我亲眼看到主降临的荣光"（出自《共和国战歌》），抑或另一首她心爱的歌曲，"锡安王将赢得统治／将赋予人民以自由……"这首歌采用了德国国歌的曲调，也就给了爸爸嘲弄妈妈的借口，"瞧瞧，怎么唱起德国国歌了！"

如今，家里绝少欢乐。小时喜欢的节庆，长大后变得索然无味。我哥发现，酒精是个好东西，便利用洗衣房的大铜锅，自酿出一种颇有劲的啤酒。二十岁不到的年纪，一想到自己的病，他便陷入混乱与抑郁之中。此外，他还得硬着头皮忍受父亲始终认定的那套，"他想不发作就能不发作"，以及母亲不断的鼓励，"坚强些，布鲁迪，你要坚强些。很多世界名人都有癫痫的"。可他不是妈妈期盼中的超级少年，他做不到，反而时不时倒在台球室外的阴沟里，给人发现后弄回家。伊莎贝尔用尽办法，让他签了份保证书："我保证，不再喝酒……"镇上许多人曾答应帮他谋个事情，可到头来却一一食言。真正施以援手的只有一人，就是基督堂的伽菲尔德·托德。

就这样，日复一日，我们擦亮爸爸预备役军装的纽扣，查看阵亡将士名单，接受新的战争词汇，收听 BBC 新闻，插小红旗标示盟军进展。在学校，大学入学考来临了，又过去了，我通过了考试。如今回想起来，记忆犹新的，是那两个几尼的考试费，这笔钱我一直跟爸妈讨要，而爸爸却一直劝我放弃学业。几年后，我的处女作《大学入学》在《倾听者》杂志发表，稿费恰是这个数目。这再一次令我坚信，文学（当然那只是篇简单的故事！）与生活和谐相处，密不可分。

二十九　想象力

童年，在我的生活里，时间是水平前进的，日复一日，年复一年。记忆是一部真正的个人史，由具体的日期与年份构成；它亦是垂直的，事件一一层叠，如"磨坊里的粮袋儿越堆越高"[1]。如今，少女时代，时间变成了旋涡，记忆也便无法规整，难于观察与书写。它们涡旋着，为自下方而来的力所驱动；不同的时间点，同一记忆的不同版本浮出水面，否定了"纯粹"自传存在的可能；每一瞬间，便有一个新版本得以确认，为已有的百万个版本添加新故事；这百多万版本各不相同，而某些记忆却永远隐伏于表面之下。我坐在桌前，偷眼望向这舞蹈的深处，这旋涡是种舞蹈，有着自己的模式，说不上优美还是笨拙，但无疑是独特的。这舞蹈卷起尘灰，旋动阳光，舞起时，细菌、音符、色彩、液体随之飞旋，各种思绪也腾空而起，而那巴望写自传的人，仅能抓住一瞬，死不放手。我想起坐在拉凯阿河边的时光，我们注视着河里漂浮的树木枝干、死牛死羊，突然间，它们忽地离开河心，给近岸的一个个旋涡卷过来，依旧迅疾地移动着，在水面只待了片刻，随即便给扯下去，扯向地球的中心。

读中学的最后几年，许多事儿令我万分纠结。我感到迷惘，有种遭囚禁的感觉：我该去向何处？父母万一突然亡故该怎么办？外面的世界是何样子？战争年代，词语会有怎样的遭际？我一再问那个自童年起不断困扰我的问题，"为何会有这个世界？到底为何？这个世界里我的位置又在哪儿？"我反复做着同一个梦：我长大成

. . . .

1 原文是"sacks on the mill and *more on still*"，"sacks on the mill"是一个儿童游戏，一群孩子将紧握的拳头一一叠起，然后进行一系列对话。具体见 Joseph Wright: *The English Dialect Dictionary*, Vol. V, Oxford: Henry Frowde, 1905, p. 196."*more on still*"之所以用斜体字表示，应该是作者自己加的，因为此游戏名原本没有这部分。

人，可又回到学校，老师质问我，你回来干什么？你都是成人了呀。

我们三姐妹潜心阅读，埋头苦学。为了熬过漫长的炎夏，开始动笔自己写"小说"。我的名为《尘灰眼中的天国》，灵感来自切斯特顿[1]的《尘灰礼赞》：

> 雪白殷红的花朵；石头
>
> 给烈火般的苔藓包裹；
>
> 一道蓝色的光，一道金色的闪，
>
> 是尘灰眼中的天国。

伊莎贝尔受《吉卜赛大学生》的启发，给小说取名为《去吧，牧羊人》；琼的题为《那儿有甜美的乐声》，源自丁尼生的《食莲人》[2]。然而，各自的小说最多不过写了开头几章。我们依旧将诗作寄给《小邮报》《真相》和"点点儿童专栏"。有一周令我难忘，因为我的诗作《繁花》当选"本周最佳诗歌"，而另一首诗《番红花》也受到点点的褒奖。她在回信中说："琥珀蝴蝶，感谢你寄来的诗作。它们显示出诗性的洞察力和想象力。我会选《繁花》为本周最佳。不过，我还是很纳闷儿，即便在诗中，鲜花是如何梦见月亮的。期待很快收到你下封信，不要介意我善意的批评。"她指出的是《番红花》中的一

. . . .

1　切斯特顿（G. K. Chesterton, 1874—1936）：英国作家、文评家和神学家。《尘灰礼赞》是对卑微之物的赞颂。

2　食莲人（lotus eaters）典故出自荷马史诗《奥德赛》，奥德修斯归家航程的第十天，来到食莲人的国度，其民食名为"忘忧果"的莲子，从而遗忘一切，备感幸福。奥德修斯的部众食莲子后，陷入昏沉中，他想尽办法，才使众人脱困。

行，"再不去梦想金月亮的爱情"。

我回信道："对于您的批评，我怎会介意呢。……"其实，明摆着的，我能不介意吗？我坚信，诗中说鲜花梦到了月亮，而别人认为这表达不妥，那么一定是整首诗不能服人，并非是这个想法出了问题。不过，她居然夸我有"诗性的洞察力和想象力"，真是太暖心了。这还是头一次有人直接对我说，你有想象力！这一肯定对我意义重大，而且，事情经常如此，有了头一次，便会引来更多次。很快，在学校人家谈起我时，都说这姑娘很有想象力。我一直梦想成为诗人，而且是真正的诗人，如今，这个梦就要实现了。不过，还有一个条件我不具备，那就是残疾。且看，柯尔律治、弗朗西斯·汤普森、埃德加·爱伦·坡皆嗜鸦片成瘾，亚历山大·蒲柏只能驼背跛足而行，威廉·库珀患有抑郁症，约翰·克莱尔[1]精神失常，勃朗特一家罹患肺炎，此外，她们的生活环境也令人无助……当然，我也经历过苦难，姐姐死了，猫全死了，哥哥得了癫痫，然而除了这些，除了我新近获得且得到承认的想象力，我认为，自己的生活普通得不能再普通。身上的衣裳令我苦恼，缺衣裳穿同样令我苦恼；"身材"[2]问题也令我纠结，我有"曲线"吗？

· · · · · · · ·

1　约翰·克莱尔（John Clare, 1793—1864）：英国诗人，出身农场工人家庭，其诗歌歌颂英国乡村，也悲叹乡村的混乱。20 世纪末，他受到重新评价，现在经常被视为 19 世纪的主要诗人。他的传记作者乔纳森·贝特称克莱尔为"英国有史以来最伟大的工人阶级诗人"。
2　应为"figure"，但作者用的是"fig-ewer"，似乎是在嘲弄自己，因为 fig 是无花果，而 ewer 是大口水壶，都是丰满圆润的意象。

我"性感"吗？我有"吻痕"吗？读了雪莱的传记《精灵》，我强烈地感到，他八成瞧不上我，因为他曾抱怨哈丽特[1]，说她只对人家的帽子感兴趣。我暗下决心，绝不变成雪莱太太那样（我不时有种感觉，我的诗人梦确乎跟嫁个诗人的幻想纠缠不清）。

我在日记中写道："亲爱的阿登乌先生，大家都认为，我该做名教师，可我要做诗人。"

三十　河流纵横的国度

六年级下是残酷的一年，其残酷程度前所未有。校服如今紧到箍住了我身体的每一寸，撕裂的地方一补再补，可明摆着，做件新的已毫无意义，毕竟年底就要毕业了。此外，我知道自制卫生巾显得鼓鼓囊囊，而且血会渗出来，每次起立回答问题时，我都会偷瞄一眼座椅，看有没有染上血迹。清早集合时，我一手拿本赞美诗，一手遮着身前或身后最鼓的位置。如今我是学院长，开大会时站在吉布森学院的最前头，再也无法掩藏自己。但这也好，再也不用担心开大会时，我在队伍里总是形单影只。我一直想不通，开大会或上体育课时，老师命令"两人一组"，总是没人愿意站在我身旁。每当此时，我都羞愧难当，人家肯定是觉得我身上有味道。

· · · · · · · ·

1　雪莱第一任妻子，二人 1811 年成婚，1814 年离婚。

我站在整个学院前面，试图掩盖那鼓鼓囊囊的地方，试图保持冷静，假装浑不在意，和众人一起唱着"耶稣的血轻声低语着，呼唤完美的和平"，感到自己长满雀斑的白皙面庞上，染着永不褪去的红晕。我觉得自己这个年纪，不该再待在中学里了。我迫不及待地想毕业，可又觉得还没准备好，不知如何"在这世上安身立命"。每念及此，每个毛孔都感到恐惧，同时，成为诗人的强烈欲望冲击着我。这种种情绪交织着，令我在家、在校几度崩溃，失声痛哭。我写了一篇历史文章，其中满怀情感地描写了马志尼[1]（历史书上讲，他是个理想主义者，富有想象力，这足以赢得我的心）；一位老师单凭这篇文章，便建议我参加英文与历史奖学金考试；可我下一篇文章却没能达到她的期待，大概是主题换了，马志尼造就的激动不复存在。这件事令我"放弃"了历史，同时也放弃了地理和科学，专心应对英文、法文和数学奖学金考试。

　　我们班只剩四个女生了，都是以前"尖子生"那组的。核心小组的姑娘都走了，有的去做幼儿园老师、护士和母婴护理员，有的参加通用职业培训，还有的准备结婚。如今，"尖子生"小组的姑娘们更为确信地谈论即将到来的大学生活，讨论想去达尼丁的哪所学校。她们说，当然是"圣麦格斯"啰；圣玛格丽特学院这么酷的地方，到了她们嘴里居然成了熟稔的简称，这再次令

1　朱塞佩·马志尼（Giuseppe Mazzini, 1805—1872）：意大利革命家，民族解放运动领袖，意大利建国三杰之一。

我黯然。我打算申请师范学院，参加奖学金考试只是练练手，将来业余时间会修大学课程。我们好似立于悬崖边上的雏鸟，扇动幼稚的翅膀，空气中充满瑟瑟的风声、呼呼的试飞声和嘈杂的啁啾声。去上大学的姑娘们显得平静、从容、笃定，毫不怀疑自己将振翅腾空、一飞冲天。当此时，老师们便会谈论大学里等待新生的将是什么，她们的大学时代又如何如何，怀旧之情溢于言表，无非是想抓住自己逝去的年华。我们细致翻阅大学校历，当翻到历届毕业生名单和各类奖项时，我的梦想便无边无界地飞扬起来。我特别关注诗歌与小说创作奖，幻想有一天，自己会将它们拿到手。

中学最后一年，上课时要分小组，这令我益发少了安全感。此前，学校生活大多是唯命是从地坐在课桌前，那气氛通常再刻板不过；如今，老师给了我自由，我倒拿不定主意，该如何在这空间里管理自己的区域。原因很简单，我一向受的是"旧式"教育，课堂上学生端坐不动，看老师在前面教学，也就是讲授、板书、提问，愿意答题的学生举起手来挥动，老师便点一个作答，继而宣布正确与否，然后继续讲授、板书、提问。如今，大家在教室里自由地走来走去，围成一圈圈的讨论组，每人都要发表看法，这下子我可慌了神儿。我退缩了，想到要发言说想法就怕得要命。我已习惯于对着全班发言，激起他们的讶异或欢笑，可要是换成面对面，我无论如何都做不到。

我可以在音乐节上指挥学院合唱团，高歌"去吧，可爱的玫瑰！告诉她这是浪费她的青春，也是浪费我"[1]，或者"有个情郎带着他的姑娘"[2]；也可以领着六年级爵士乐队，唱道：

> 谁是最漂亮的小女孩儿，
>
> 让男孩子们发癫发狂，
>
> 通常他们都会喊
>
> 就是她，就是她，
>
> 头扎好些小辫儿的姑娘。

就因为，无论是合唱团、乐队还是观众，我都无须近距离接触，从而免了尴尬。你看到了，我是个"羞怯"的人。吉卜赛大学生不是同样羞怯吗？

> 沉思且缄默，关注者寥寥；
>
> 吉卜赛人打扮，头戴古董帽，
>
> 身着灰长袍……

年末将近，又有学生要离开，六年级级长克罗小姐便组织了一场欢送派对。我是穿校服去的，喝了人生第一杯咖啡。我一副"诗人"做派（人家都知道我是班里的诗人，作文经常得高分），一脸冰霜地坐在那儿，明摆着心游"别处"。派对中间，和姑娘们"打成一片"的克罗小姐过来问我："说说看，你喜欢哪种乐器？"

学校每周有次音乐课，我也学过一阵子钢琴，可至

1　这是爱德蒙·沃勒创作的歌曲《去吧，可爱的玫瑰》（*Go, Lovely Rose*）的首句。

2　出自莎士比亚《皆大欢喜》第五幕第三场。

于何为"真正的"音乐，我依然感到无知。音乐课其实是唱歌课，通常练习琶音为主的短歌，例如：

> 这是我中意的颜色，
>
> 你觉得今天过得如何，
>
> **Da ma nay porto la bay...**

还有《自治领歌曲集》中颇受喜爱的曲目，比如《鳟鱼》和《致音乐》，以及莎士比亚的歌。每次唱起它们，我定会瞬间抵达另一个所在。我发现，这地方 J.C. 斯夸尔在《河流》（这首诗亦出自《现代英语诗歌精选》）一诗中已为我描绘过：

> 我脑海中那静止的某物，
>
> 自遥远的地方而来。
>
> 我曾见却不再可见之物，
>
> 一个河流纵横的国度
>
> 对我低语，搅乱了我的心。

因此，克罗小姐问我喜欢何种乐器时，我不愿露出自己对音乐的无知（不会吧，这可是具有诗人气质的简·弗雷姆！一个好做梦且想象力丰富的姑娘）。我想起很久之前那位盲人提琴手，于是便说："我还是喜欢小提琴。"克罗小姐说："这就没错了。小提琴的确更能激起人的情绪，不是吗？"这话令我煞是尴尬，干吗要扯到情绪呢？我坐在角落里，喝着咖啡，内心给世上所有情绪与恐惧搅扰着，一张脸发烧般滚烫。

　　我参加了奖学金考试。考英文时，我写了篇诗歌赏析，谈的是《欣喜若狂》[1]：

> 云雀啊，云雀，在平静如湖水的空气里
>
> 投进你小卵石般圆润而光滑的啼鸣，
>
> 激起一圈圈漾开的涟漪，充满整个正午；
>
> 而在红日高悬的空中你又何等渺小。

我还就斯蒂芬·斯彭德[2]的《架线塔》（"Pylons"）一诗回答了阅读理解问题，可这个词（pylons）我并不认识。之所以仍记得那些题目，还都因为当时特别紧张：手指溅上了墨水，考试室前头的钟滴答催人，心在翻滚，似乎要撞到肋骨，头脑却像居高俯瞰般清醒。考试于我而言就是种享受。

下一项是面试，由达尼丁师范学院院长帕特里奇先生主持。我尽量展现自己的聪慧，突出教师潜质，特别提到我是学院长，篮球 B 队队长，学院合唱团指挥，六年级爵士乐队队长，一名优秀的学生，等等。我想他定是颇为惊讶吧，八成觉得这个女学生既自信又爱运动，而且很单纯，其实这哪里是我啊，我可是个胆怯害羞的人，老实听话，却满腔诗情。

"你有家人上过师范吗？"他问道。我本想跟他提佩格表姐，这位亲戚在我家可是常给人挂在嘴边的。当然

. . . .

1 《欣喜若狂》是英国诗人塞西尔·戴·刘易斯（Cecil Day Lewis, 1904—1972）的诗作。

2 斯蒂芬·斯彭德（Stephen Spender, 1909—1995）：英国诗人、小说家、散文家，其作品多关注社会正义的缺失和阶级斗争，牛津大学大学学院毕业，1965 年成为美国国会图书馆任命的美国桂冠诗人。

我也可以说，除了阿列克斯伯父家的堂哥堂姐以及澳大利亚的某些亲戚孩子，我是家里头一个高中生，还可以告诉他，我奶奶不识字，结婚证上签的名，都是用十字架盖了个戳……接着，我想起伯母那两个出色的外甥女，就是在迪安娜·德宾大赛上大放异彩的那两位，其中那个叫伊欧娜的不也是练过演讲的吗？

于是我便说："我伯母的外甥女伊欧娜·列文斯顿上过师范的。"

一听这话，帕特里奇先生顿时兴奋起来："她可是我们最出色的学生之一了。天生就是做老师的料。"

伊欧娜令我大大加分，几周后消息传来，我被师范学院录取了。

演讲日如期而至，我的表现技惊四座，再次摘得头奖。我选了奥萝尔·迪潘，也就是乔治·桑，作为演讲主题，以其小说《康素爱萝》为例。这书是布鲁迪从垃圾堆里捡来的，显然是被奥马鲁雅典娜俱乐部淘汰的。《康素爱萝》令我们着迷，它有红色的封面，里面字很小，足有一千来页。阿尔伯特伯爵太招人爱了。这篇演讲中的乔治·桑充满滚烫的激情，但这纯属杜撰。之所以如此，原因有三，一是我新近发现了自己的想象力，二是对她的真实生活我一无所知，三是阿尔伯特伯爵的影响。我口中的她对英俊的黑发作曲家和诗人一往情深，而且无疑都是男性[1]。由于无知，主持人老师提到乔

- - - - - - - -

1　乔治·桑的确有许多男性情人，但据称她也有过同性关系，比如女演员 Marie Dorval。

治·桑时脸上那忸怩之色，甚至没引起我一丝怀疑。不仅是我，大家都以为，她之所以有此表情，该是就要结婚的缘故。她要嫁人这件事儿也的确在校园里引起热议。我戏仿约翰·布朗作了首诗，和同学们一起唱道：

> 怀塔基学校的老师们教学真勤苦。
>
> 她们心里装着几何，头脑始终很酷。
>
> 如今有些发现婚姻才是正路，
>
> 于是翩然离开嫁做人妇，
>
> 英文、法文、数学都抛到脑后，
>
> 摆弄家电，洗锅刷碗，拿起笤帚。

年底按惯例会开散学大会，届时会有嘉宾发言，通常是一位校友（Old Girl）。她总会提醒我们，中学是一生中最快乐的时光。除了这些，还能指望她唠叨些什么呢？我们学校是照公立男校复刻来的，甚至我们唱的歌，都跟男校一模一样，令人血脉偾张："追那球追那球追那球／穿过人群力拼三节仍要战斗到底"[1]"四十年后他们／相隔遥远彼此分离"[2]，最后以"二十二人的呼喊／在球场上回响又回响"为这首《四十年后》做结。

散学大会上，我们高唱校歌，"青山环抱怀塔基／围

1　这首歌讲的是英式橄榄球（rugby）的比赛场面，其中的人群（scrummage）指的是混战一处的双方球员。英式橄榄球比赛一场分为四节。

2　Forty years on and afar and asunder / parted are they… ：这是 Edward Ernest Bowen 同 John Farmer 1872 年为哈罗公学创作的校歌《四十年后》，后为英联邦多家学校所采用，比如英国最老的公立学校 Beverley Grammar School，新西兰的 Wellington College 等，也涌现出多个版本。歌词提醒学生，四十年后再返母校，会想起怎样的学生时代生活。

墙庄严耸立……"接着便是《上帝在我头脑中》[1]和学期末赞美诗,"主,用你的祝福送我们离校吧。"最后,我们齐颂"在这罪恶的黑暗世界里,耶稣的血／轻声低语着,呼唤完美的和平",因为这世界依旧战火纷飞,我们也就不得不忍受灯火管制,进行防空演练;军队与船队依旧离港远航;街坊四邻的年轻人有的在沙漠里失踪,有的负伤,有的战死;阵亡名单天天登在报纸上。

有很多期末活动,譬如舞会、联欢会、下午茶、单车骑行等,我都未参加。除了左邻右舍和街对过儿的男孩子(左右两家的年龄太大,还有一个战死了;对过儿的要么是小孩子,要么是老青年),我就不认得什么同龄异性了。我仅有的娱乐,除了时不时看看"画展",便是去山上或沿山谷漫步。虽然女孩儿家总会觉得,自己过得就像出悲剧,迥异于同龄人展现的生活,然而,中学时代行将结束之际,突然间,我不再惊惧地纠结于奥马鲁生活的混乱,而过去的岁月里,我们曾频繁地抱怨这混乱,将所有的悲惨遭遇归咎于它。我突然意识到,很多姑娘甚至都没读到高中,因为家里供不起,或者不愿为孩子读书而做什么牺牲,我爸妈则不然,这点毫无

· · · · · · · ·

1 "God be in my head" 是一首赞美诗,英国作曲家 John Rutter(1945—)曾为其谱曲,歌词为:

God be in my head, and in my understanding;	上帝在我的脑中,在我的理解里;
God be in my eyes, and in my looking;	上帝在我的眼中,在我的凝视里;
God be in my mouth, and in my speaking;	上帝在我的嘴中,在我的言谈里;
God be in mine heart, and in my thinking;	上帝在我的心中,在我的思考里;
God be at mine end, and in my departing.	上帝在我生命终点,在我的告别里。

鉴于 Rutter 的出生日期,本书作者弗雷姆当时唱的不应是他所谱写的这首歌。

疑问。我想到伊甸园街上的一家，七个孩子常常光着脚，而且并不总出于自愿；想起霜冻的早晨，他们跑步到校，双脚冻得青一块紫一块；又想到切尔莫街的那家人，他们唯一的吃食，仅是火腿厂弄来的猪骨熬的汤。我似乎刚从一个漫长的家庭噩梦中醒来，突然意识到，在我家附近，就有女孩子无所顾忌地穿着没有调节褶（regulation pleats）的"怪异"校服。我诧异地发现，六年级第一年与我同班的K，后来也录了师范的那个姑娘，虽然同读低年级的妹妹都穿着古怪的校服，却显然丝毫无尴尬之色。我们成了朋友。她们一家人都很聪慧，既会写也会画，称得上是多才多艺；他们办了本家庭杂志，还曾邀我们供稿。我们只斗胆写了一两篇。他们才华横溢，积极热忱，明显对"怪异"校服满不在乎，凡此种种，皆令我们心怀敬畏。他们家我去过一次，其近似于孤岛般的封闭生活，令我感触颇深。他们很"穷"，父亲是个木匠，也在技校教授木工课，一头浓密的白发，看来年纪着实不轻，很喜欢跟孩子打趣。透过红漆大门上的手孔，我们向外偷瞄，恰好瞧见他推着单车走过。伊甸园街有个地方，任谁到了那儿，都得下车推着上陡坡。我们那时很害怕他那种生硬的玩笑，不过，他的嗓音还是蛮好听的。那位母亲总把自己收拾得清爽整洁，棕褐色的发辫熨帖地盘在头上。那张大餐桌给我留下了一抹珍贵的记忆：家庭成员围桌而坐，人人忙着画画儿、写作、阅读、摆弄手里的玩意儿，褐色搭配着金色，宁静而和谐，存在不会突然间裂开，引发灾难，不会有癫痫发作，没有惊慌，没有混乱，没有哭喊，没有恐惧。至少我们看到的是如此。他们那个叫奈特的小弟弟打算组装收音机，手里不停地鼓捣着，可左右摸不着门道，这也难怪，他才多大啊。

我哥如今愈发糊涂了，基本上与我们隔绝开来。他成天与妈妈独处，凡有需要，凡有问题，妈妈都会二话不说为他服务，想尽办法帮他解决，即便是烧好鱼后也要剔掉刺，生怕他给扎着。我们三姐妹愈发亲近起来。很久以前，琼刚出生那会儿，默特尔、布鲁迪与我"结盟"，跟洛小姐作对，编造种种故事埋汰她；再后来，我们家孩子"团结一致"，对付健康检查员，谁让他板着脸批评我们家，教训我爸妈，嫌弃我们心爱的猫猫狗狗。打那儿以后，我们结成过各种"同盟"，比如，面对默特尔的死，每个人几乎都是独自悲伤。虽如此，但琼和我也曾相互慰藉，一起阅读"从前在巴门诺克／丁香的芬芳弥漫在空中，五月的青草恣意生长"。

如今，我们三姐妹都意识到，眼瞅着我就要面对"外面的世界"了，她们二人一两年后也将面临同样的问题。我们想出两条应对之策。一是给国会议员诺德迈尔先生写信，向他借二十英镑，也好为"将来"置办些衣物及其他用品；他曾是教堂牧师，就住我家附近。这封求助信石沉大海。二是开足马力，拼命写小说写诗，其功效如同早年杜撰的洛小姐故事，能令我们抱团，共同面对"未来"造成的恐惧与带来的希望。如今，牢牢控制我们的，不再是洛小姐、卫生监督员或上门造访的死神，而是即将降临的"未来"。

三十一 告别实岛，问候实岛

这是本卷的尾章，它必须围绕服装展开，这点意义重大，因为突然间，服装成为我生活的中心。虽说多年前身穿天鹅绒长袍时，或是后来上学给灰色哔叽校服囚禁时，服装也曾有过这样的地位。外表从不是小事，他人的外表及特殊的服饰，总能令人心下快慰或者怅然若失。爸爸西装颜色的变化，一如他烟草牌子的变化，会在我们心头激起恐慌，因为对他而言，抽哪种烟草与穿何种衣服，都是外表的组成部分。大萧条的年月里，他的西装是灰色的，我至今清楚记得，为了买一卷与那面料相配的灰色棉线，自己前后花了好几个钟头，跑遍了泰晤士街上的店子。大萧条终于熬过去了，他换上一套海军蓝西装，看得我们瞠目结舌，同时甚感别扭，那感觉就像看到妈妈剪短头发或安上假牙。过着这等生活的人们，穿得出去的衣服寥寥无几，男人们也仅有一套西装与一件大衣，服装遂成为皮肤的一部分，就像动物的皮毛。

六年来，我几乎天天穿校服，如今脱下来，倒觉得自己像只剥了皮的兔子，光溜溜赤条条的。我收到师范学院院长签发的信函，里面列出了师范生基本着装清单，这引发了全家的恐慌，也才有了给诺德迈尔先生的那封信。

我做梦都没想到，"真实生活"中的人们竟需要那么多衣服。我一边细读那份清单，一边深深感到绝望，似乎这是一场噩梦。除了电影里，哪有人需要这么多服装呢？不但要裙子和传统服装，还要各类鞋和外套，更有甚者，还得有晨衣！晨衣家里倒有一件，不过是老古董了，绒布料子，格子花纹，大家都管它叫"爷爷的晨衣"。它与我们的生活格格不入，在我们眼中，就只代表着一段历史。怎么说呢，那种"格格不入"感，就好像睡觉时盖的是被子，而不是已经睡惯了的灰毛毯。

这令人心惊的清单内容丰富，宛如一树盛开的花朵，而我呢，却只能将大多数遥不可及的"果实"剪去，保留下公认必不可少的传统服装，因为可以用"毛线衫和裙子"来充数。我的海军蓝校服外套还在，还有一件长袖衫。我得靠这些衣服撑着，直到从每月9.39镑的补贴里省下足够买新衣的钱。此外，到了达尼丁，我会住伊瑟姑姑和乔治姑父家，就在卡罗尔街的花园露台[1]四号，每周只用付十先令的食宿费，我想一定是能攒下钱的。

于是，那个长久以来不断谈论、不断憧憬的未来，那个在老师们催促下、威胁下，甚至在她们未竟的抱负驱动下，我们必须奔向的未来，如今业已开始，就在眼前。这座实岛无可逃离，面对它，我几乎毫无准备。我只是个羞怯的姑娘，最熟悉、最有经验的是牛、羊、猫、狗、昆虫等生灵，这些非人的活物，以及大海、大地、天空、植物、树木、花朵这样的自然，再有就是书写的和印刷的文字，它们有主题、有思想，还有二十六个字母，有 A、O、U、D 的形状围出的空间，大到足够藏身其中。

. . . .

1　露台原文"Terrace"，也可指"排屋"。

那年夏天，我烧掉了所有阿登乌国日记，诗歌本也都付之一炬。不过，好多首诗都已发表，刊载在报刊的儿童版上。以前，我只在《真相》杂志上用过真名珍尼特·弗雷姆，如今它成为我的大名，以前的妮妮、卷毛和简都已弃之不用。班上多数女孩子都尽力改变自己，以做好准备，应对"未来"。有的突然冒出来个"真名"，有的换了名字中的字母，有的着意改变了书写风格，还常常换了墨水颜色（譬如品蓝换成黑色或绿色），且练出一笔新签名（那可是在练习本上用心磨炼的结果）。有人换了发型，或者将以往少用的词挂在嘴边。然而，也有人透露出家中的秘密，比如有双胞胎姐妹，比如自己竟然是给收养的。

我们家也发现了新大陆，原来伊莎贝尔出生时全身包着胎膜，这赋予了她无论如何都不会给淹死的魔力。

签名我也在练。爸爸亦有练签名的习惯，为的是在考勤单上潇洒一番。对自己的书法，他一向非常自负。常见他坐在餐桌旁，在旧考勤单背面写下"G.S.Frame"（乔·塞·弗雷姆）或"George Samuel Frame"（乔治·塞缪尔·弗雷姆）的字样，两行诗紧跟其后，似乎是他摆脱不了的纠缠：

> 天光渐渐低暗，
> 暮色里响起一首歌。

旧考勤单上、信封背面、老账单上都能见到这两行诗的踪迹。

我用花体字小心翼翼地写道，"Janet Paterson Frame"

（珍妮特·佩特森·弗雷姆）。

那年二月初，拿着一张铁路家属的"特权票"（priv. ticket），我乘坐周日慢车南下，驶向达尼丁，驶向我的未来。